MON EVEIL
SPIRITUEL

LIVRE DE COLORIAGE POUR MOI ET MANDALA

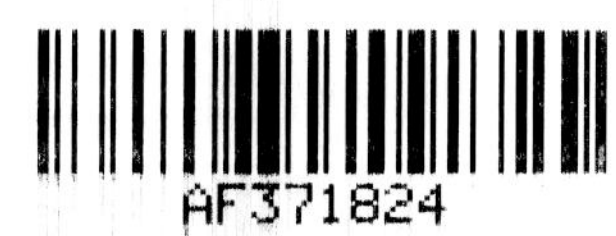

Coloring Bandit

Publié par Speedy Publishing Canada Limited

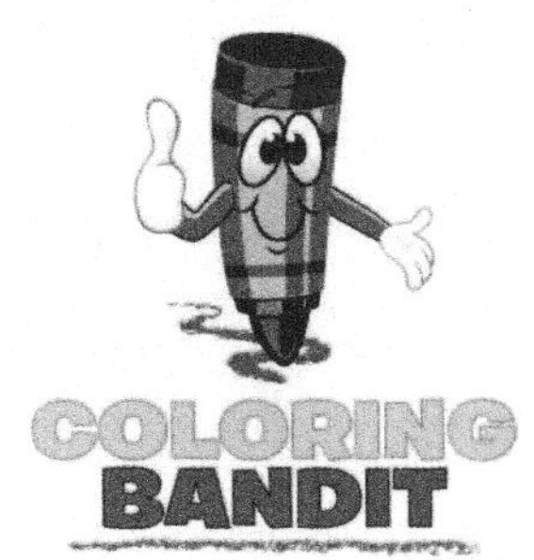

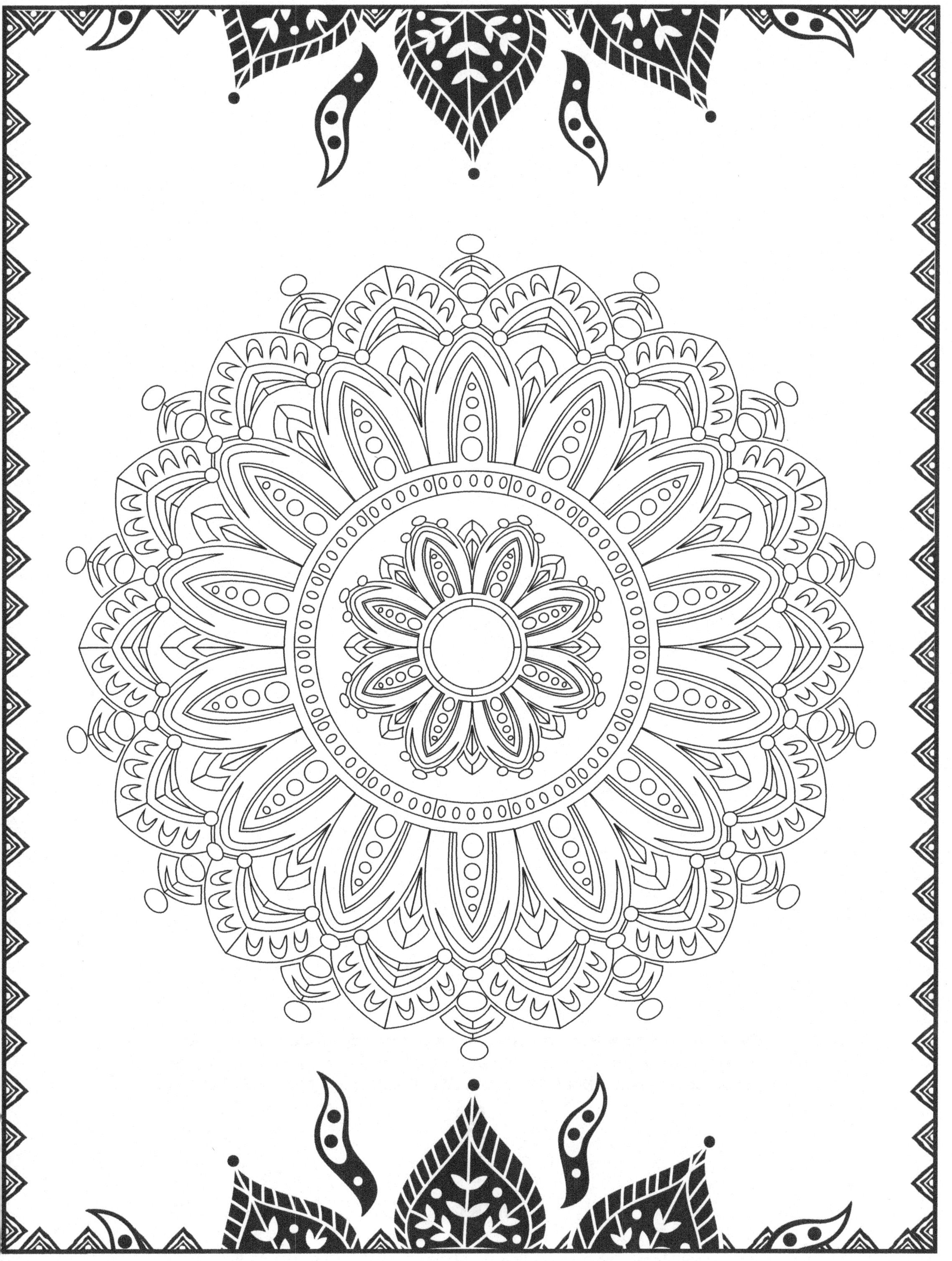

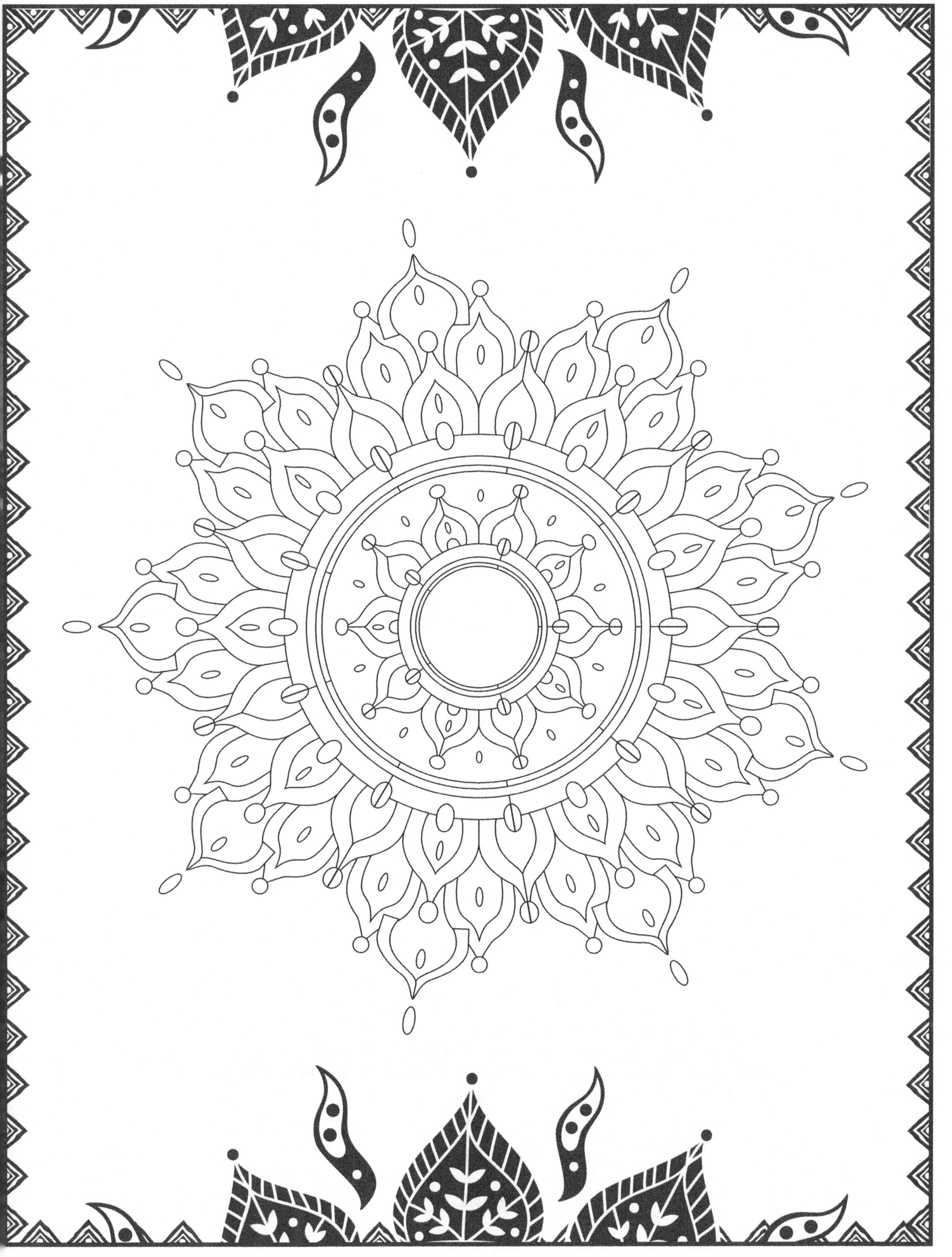

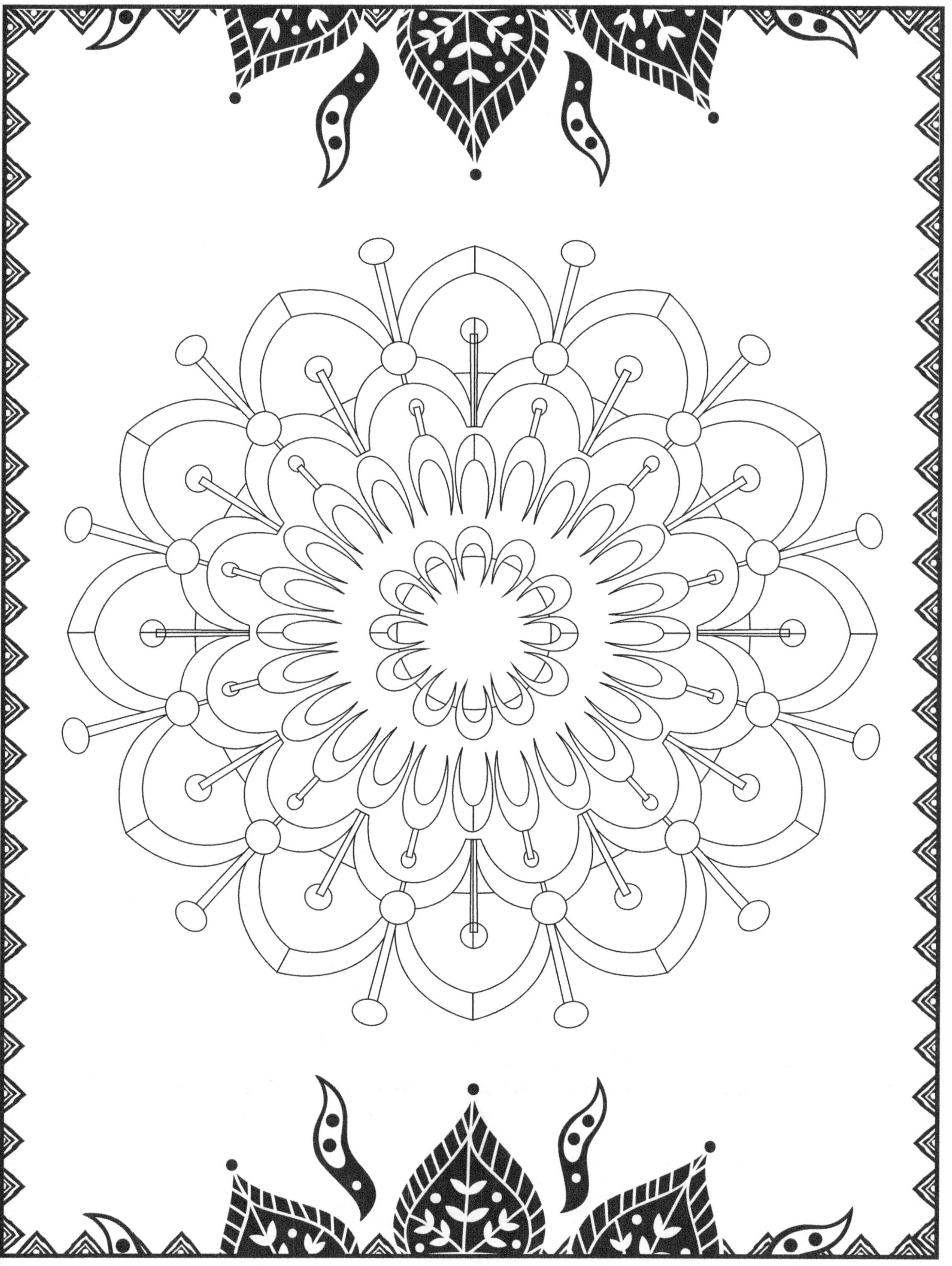

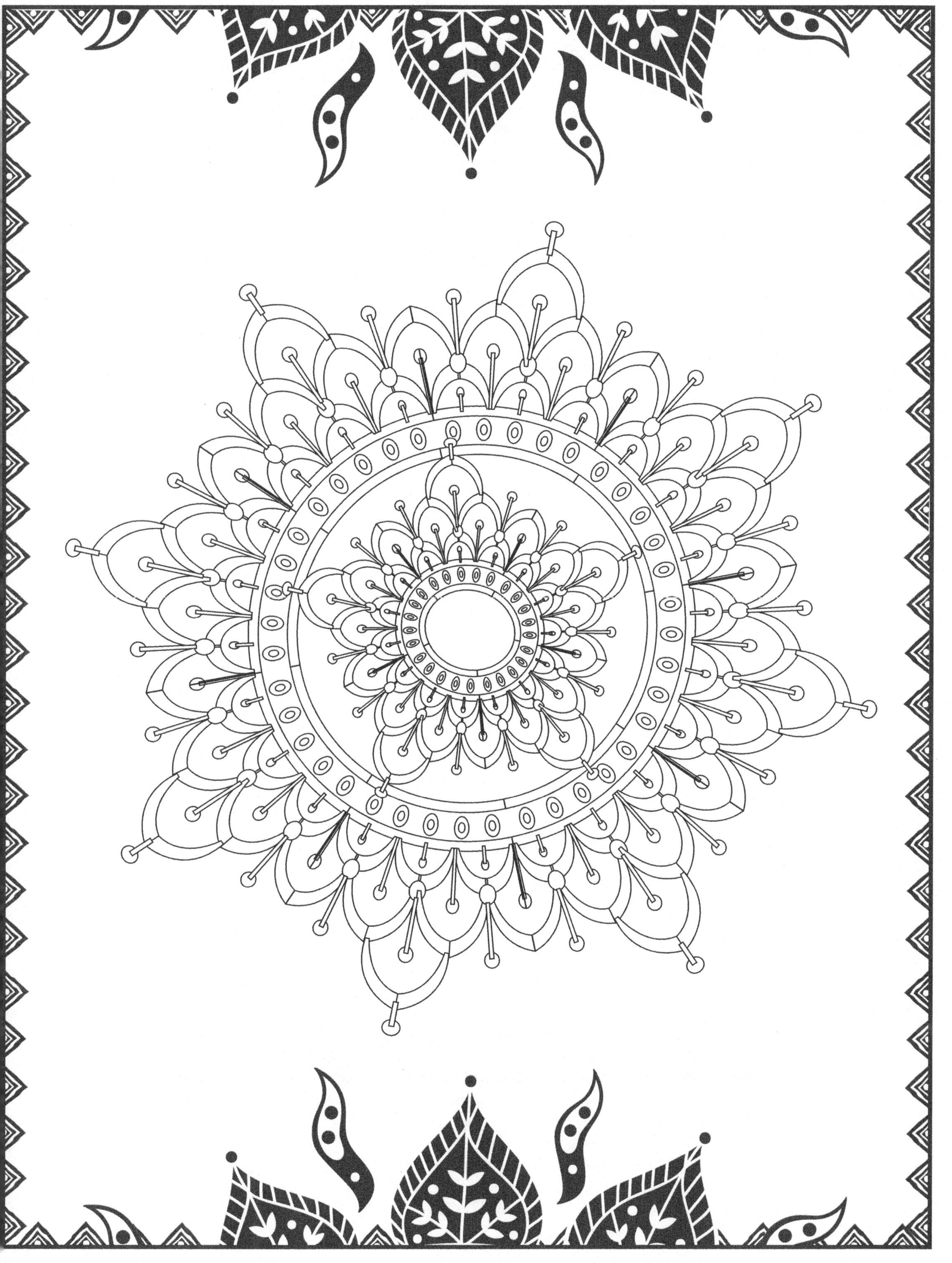

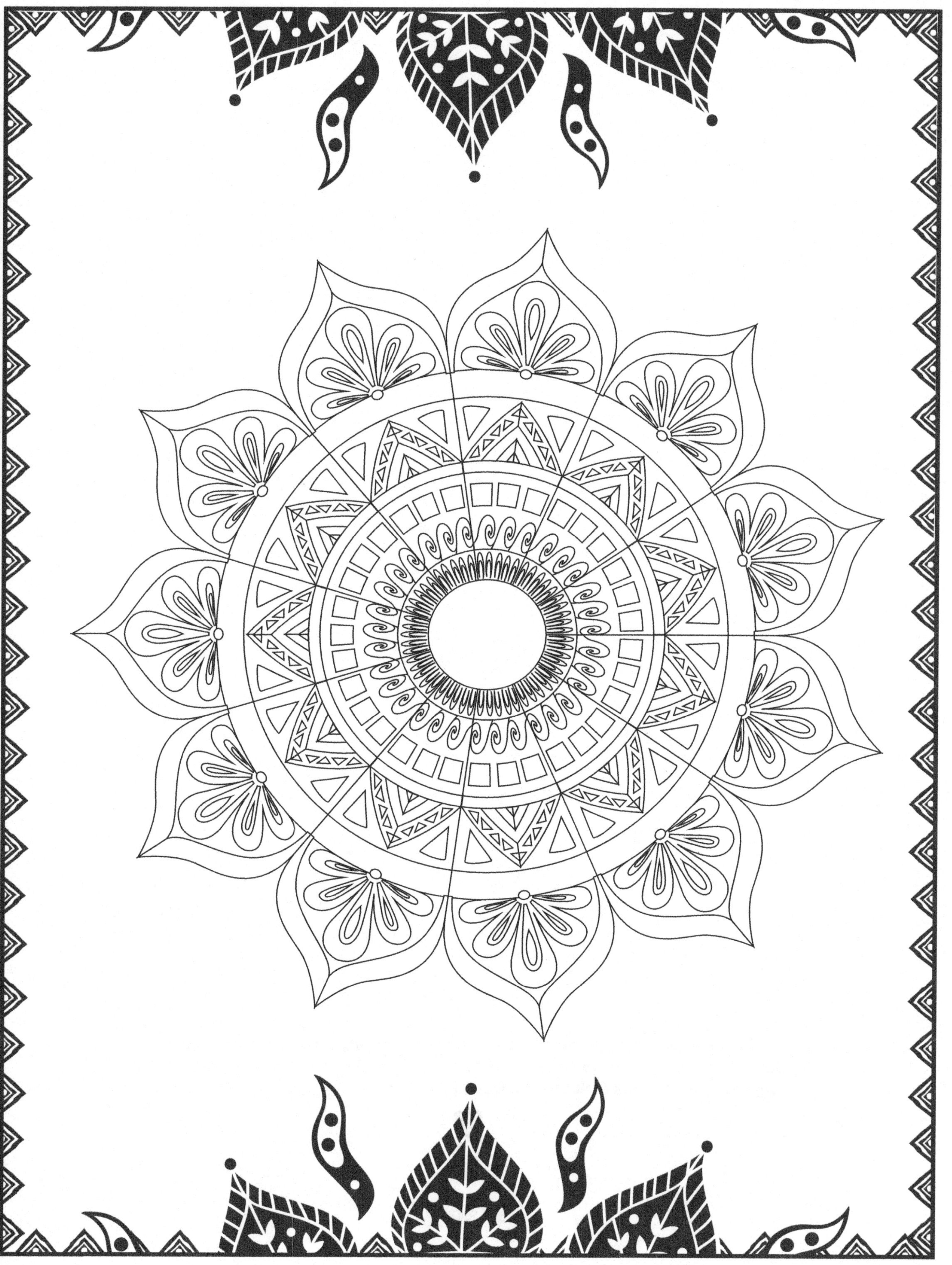

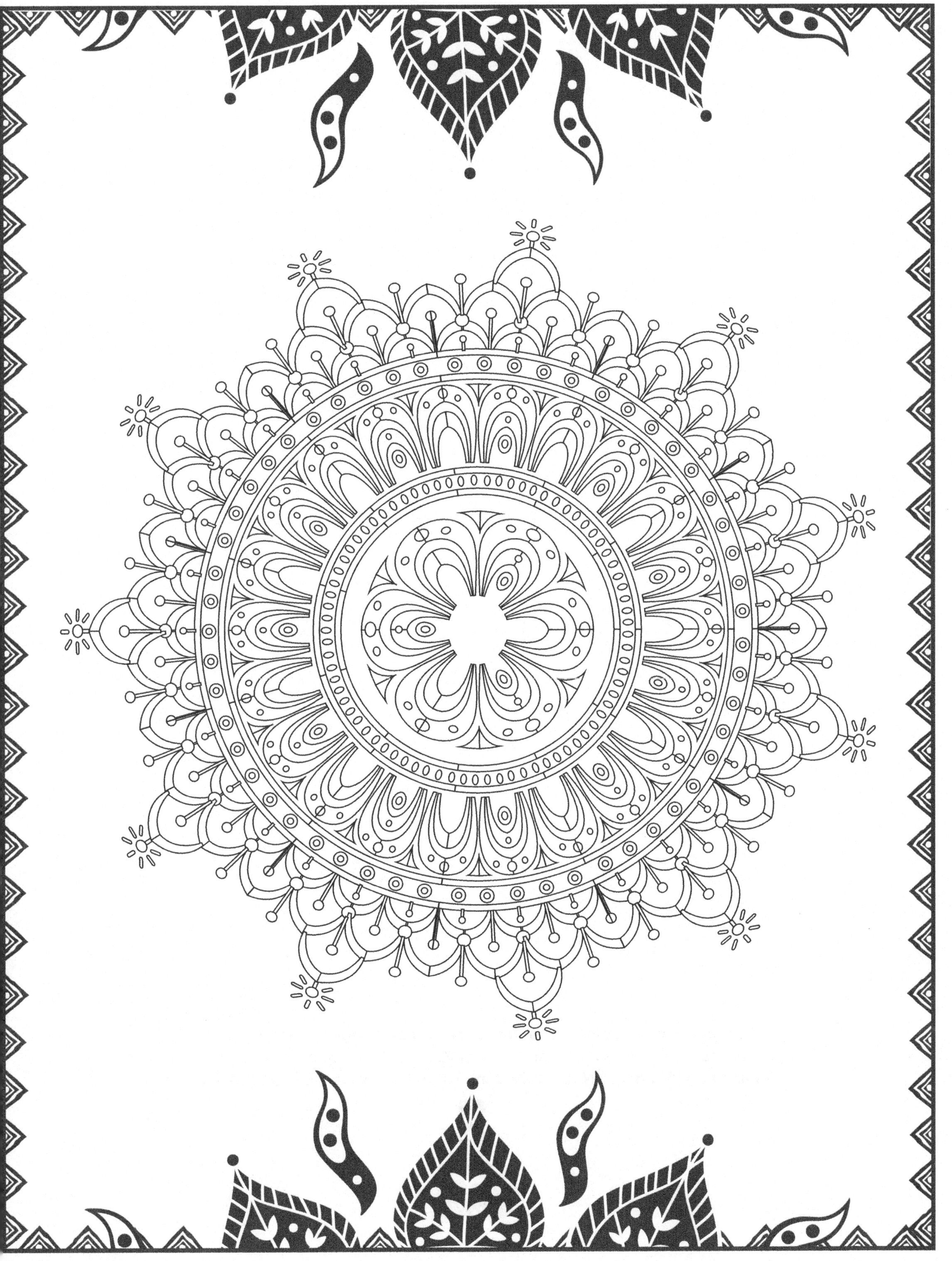

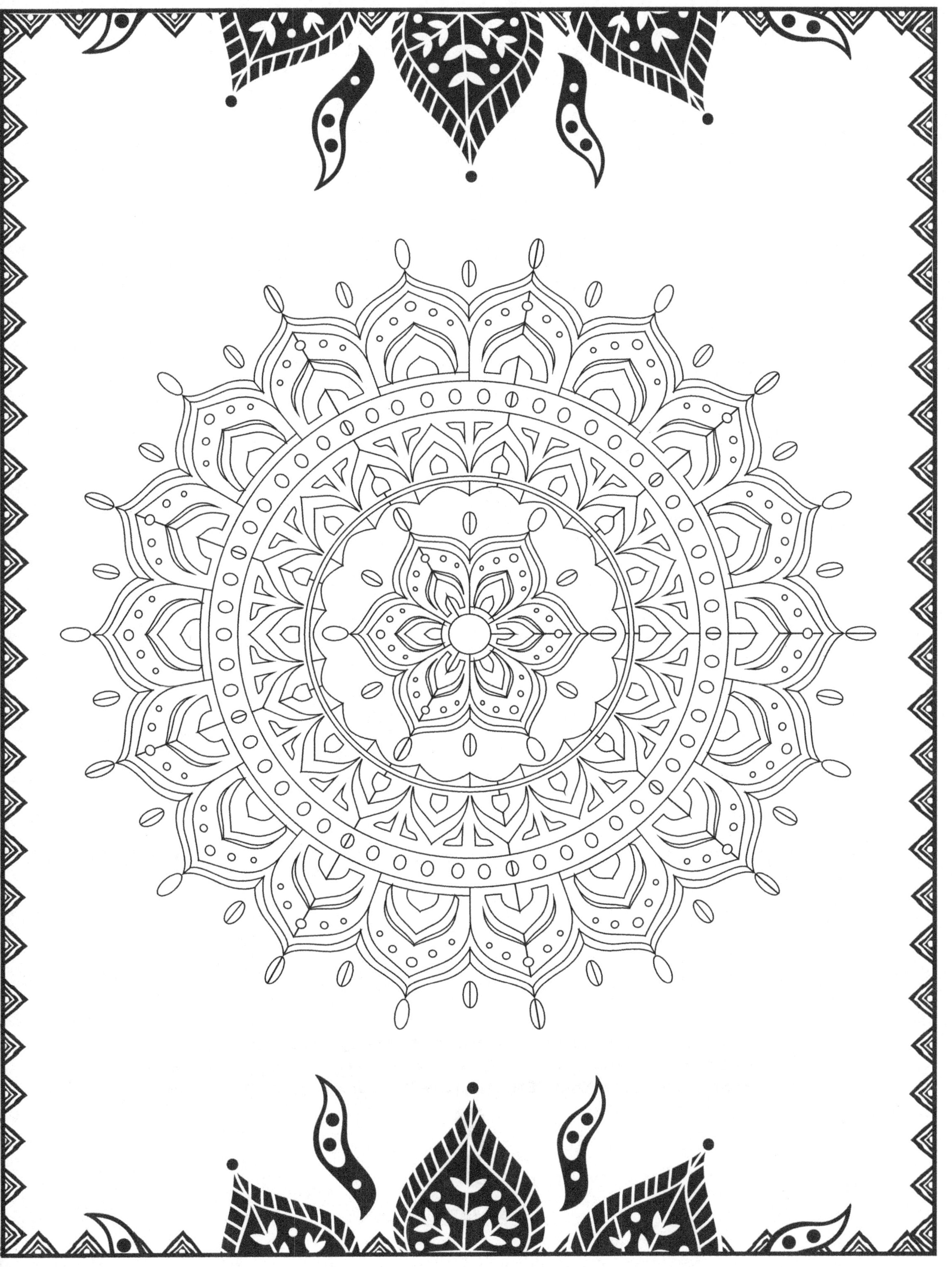

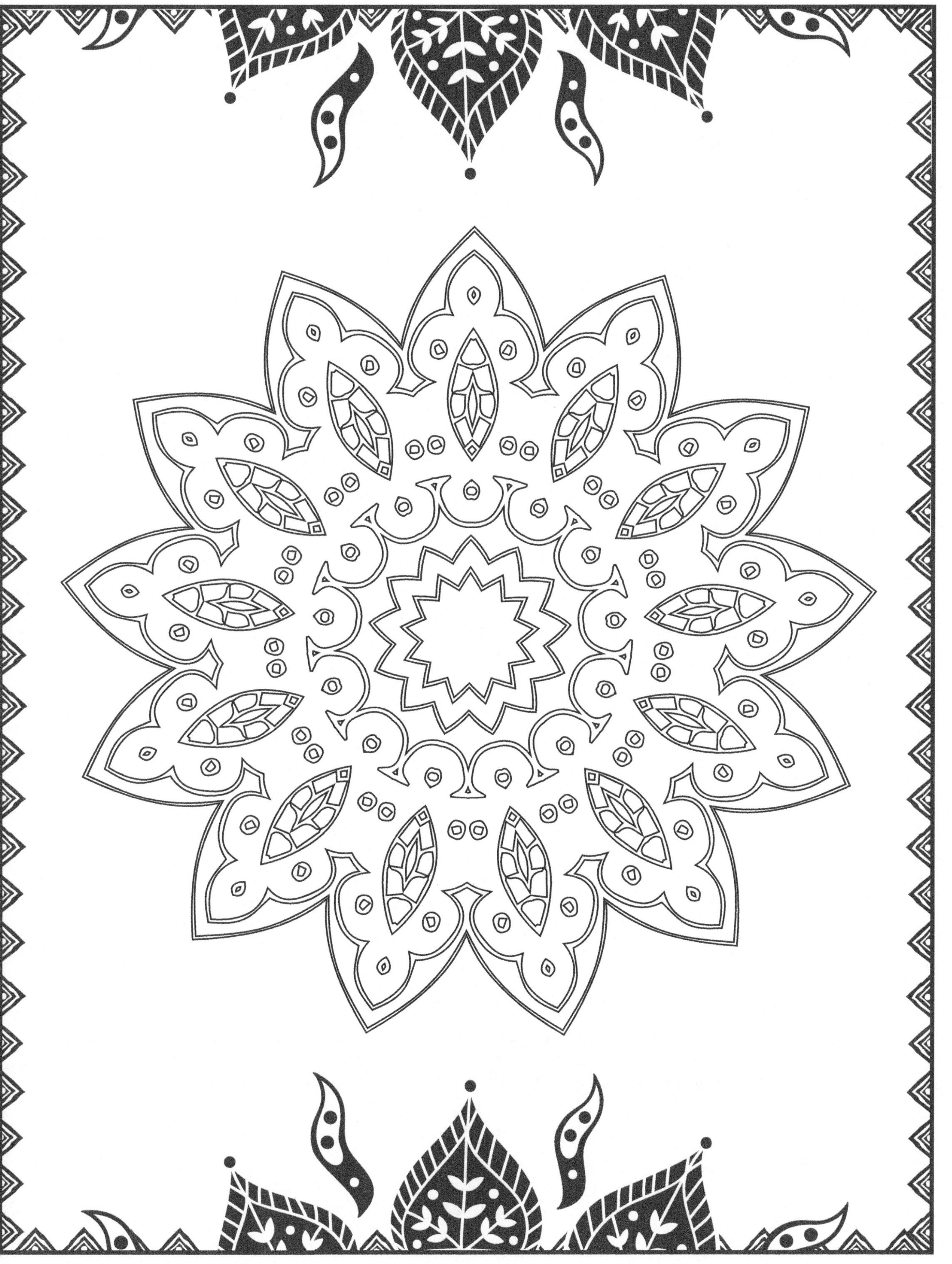

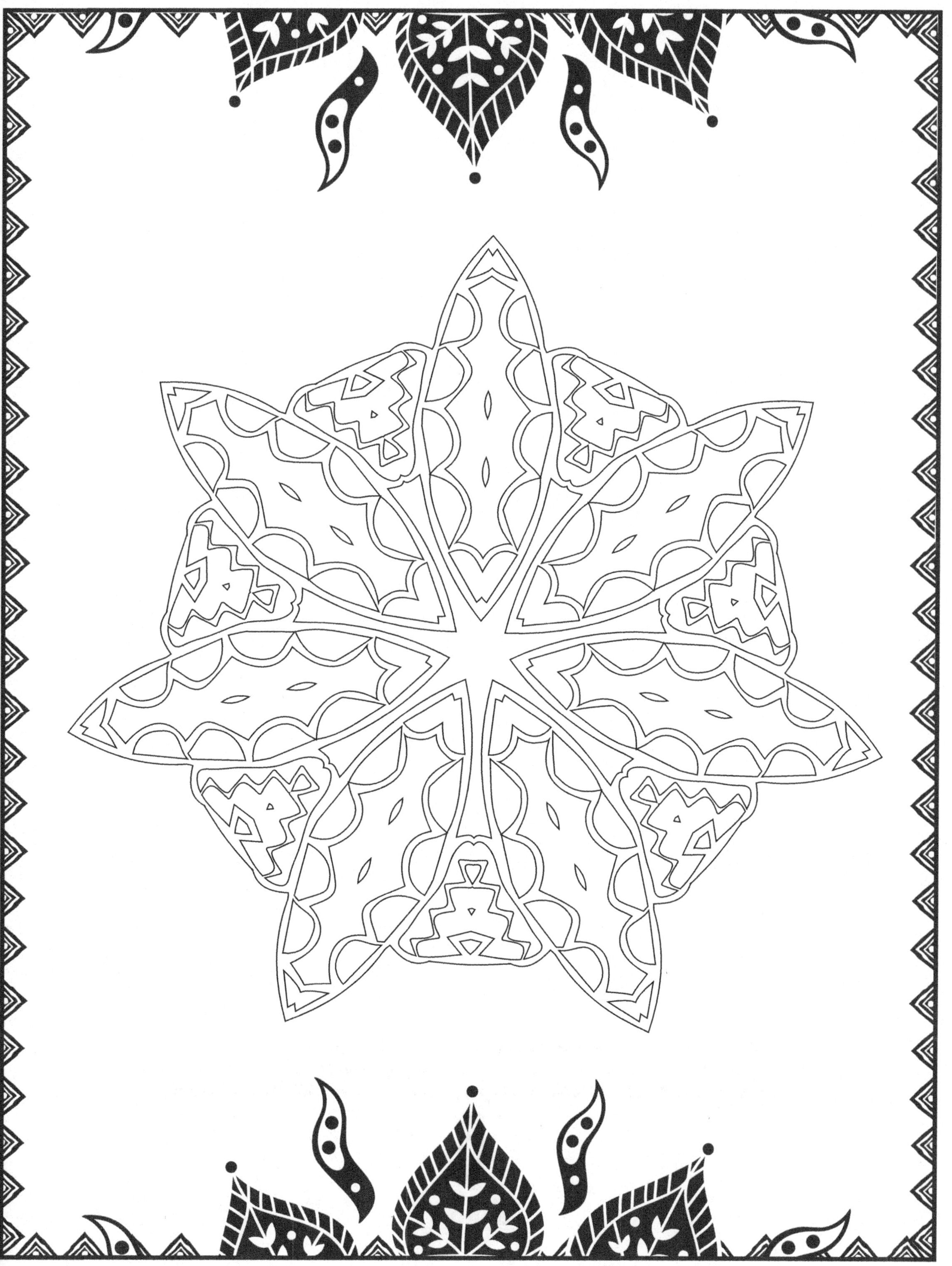

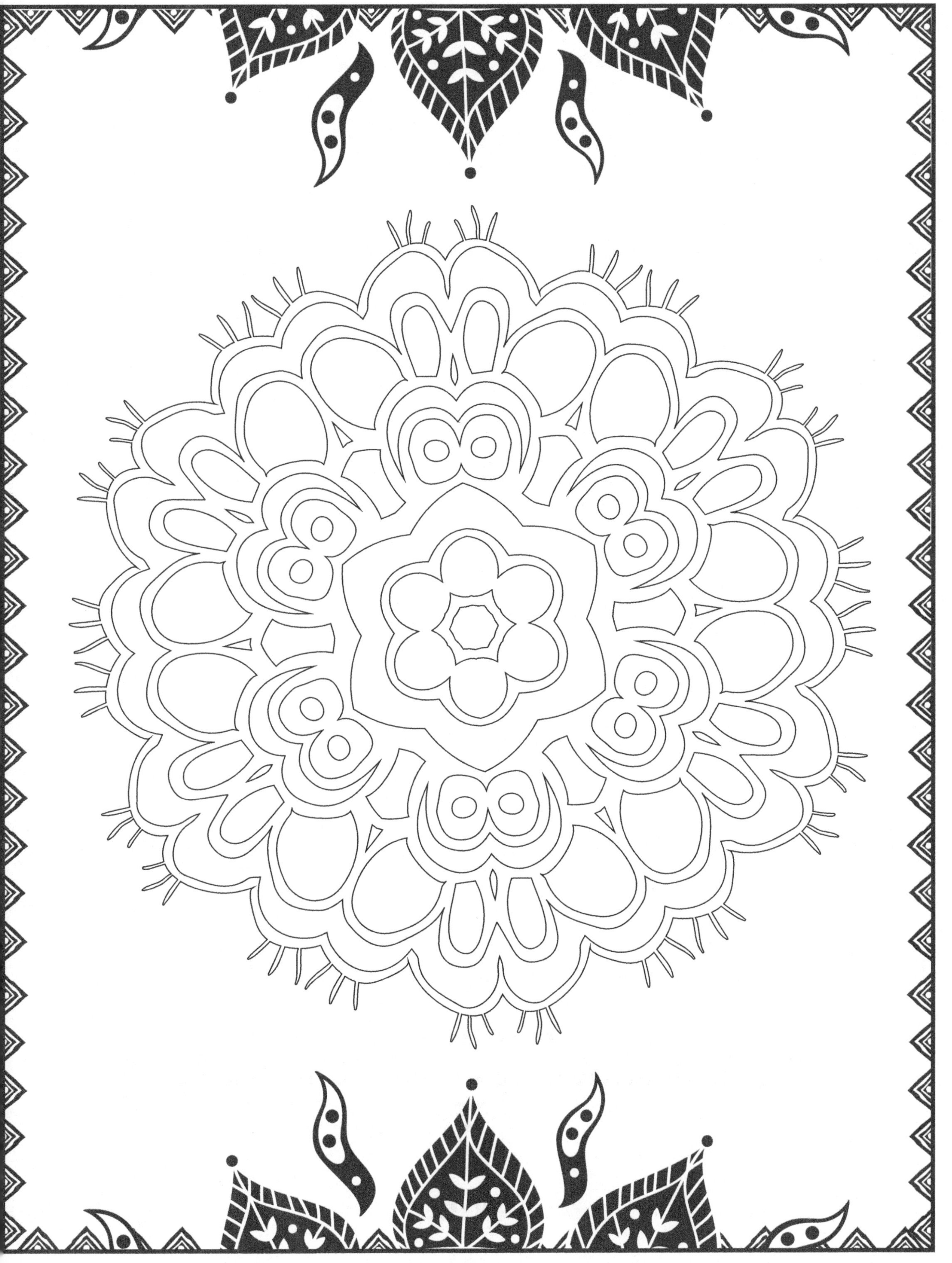

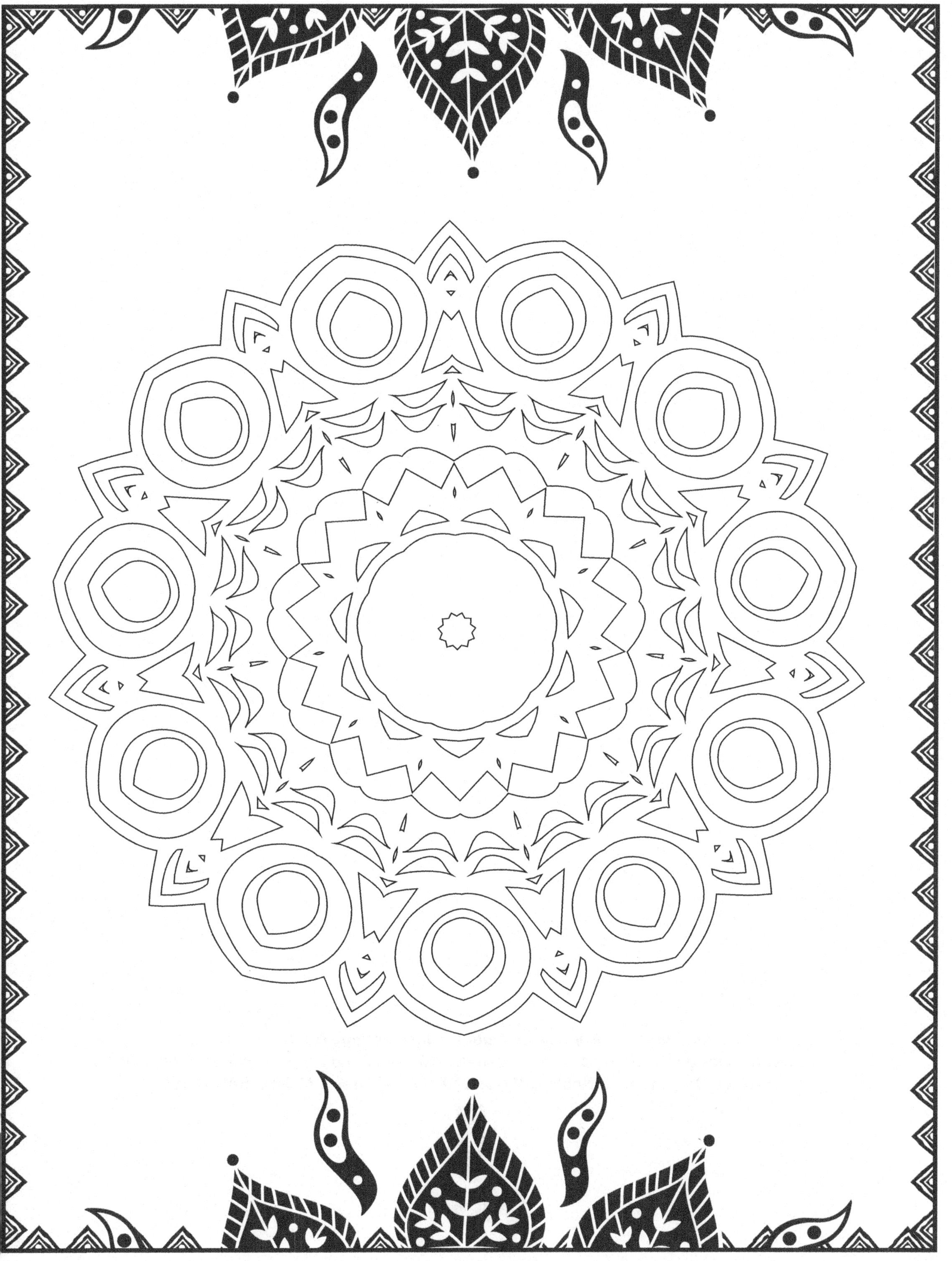

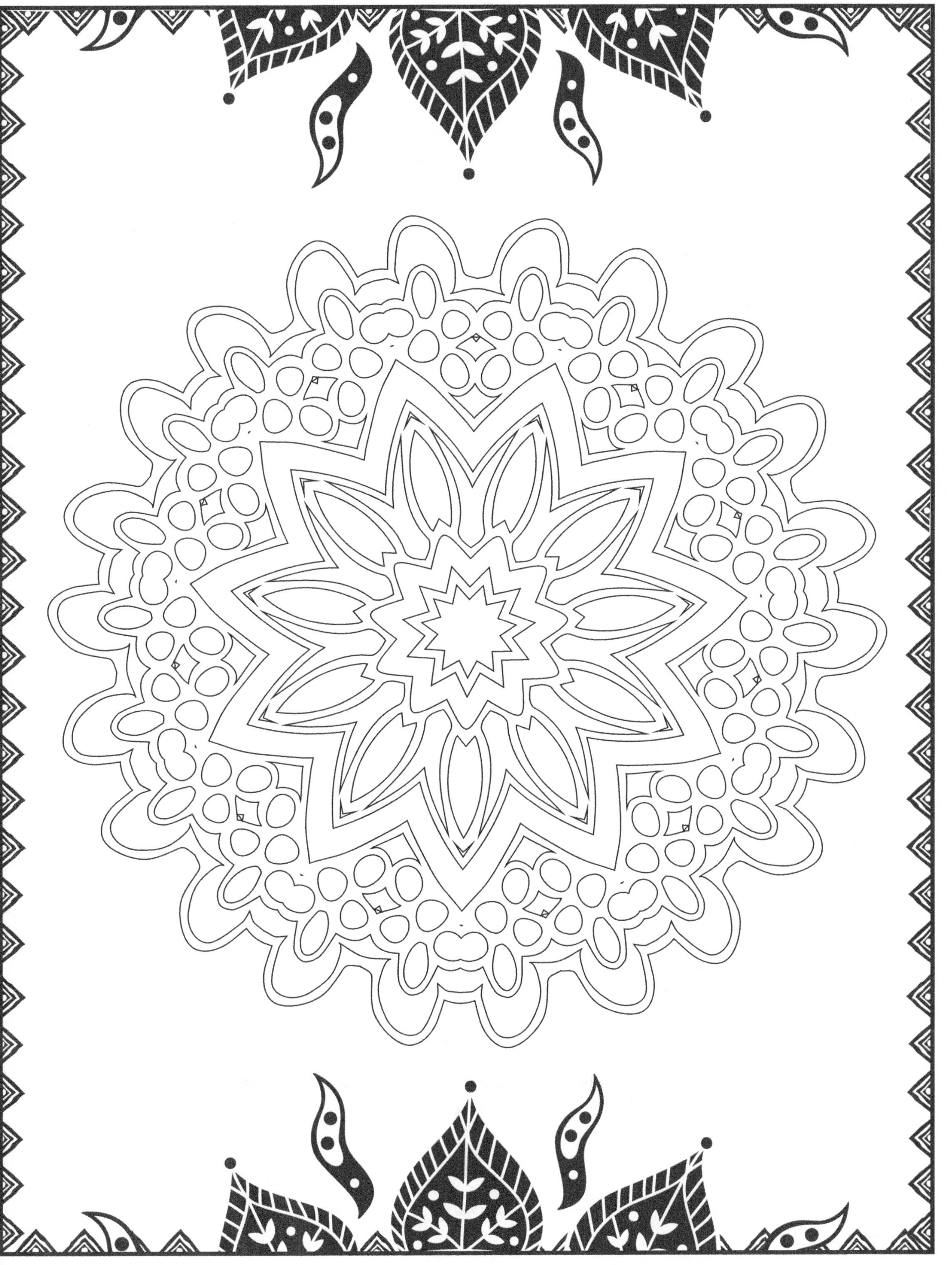

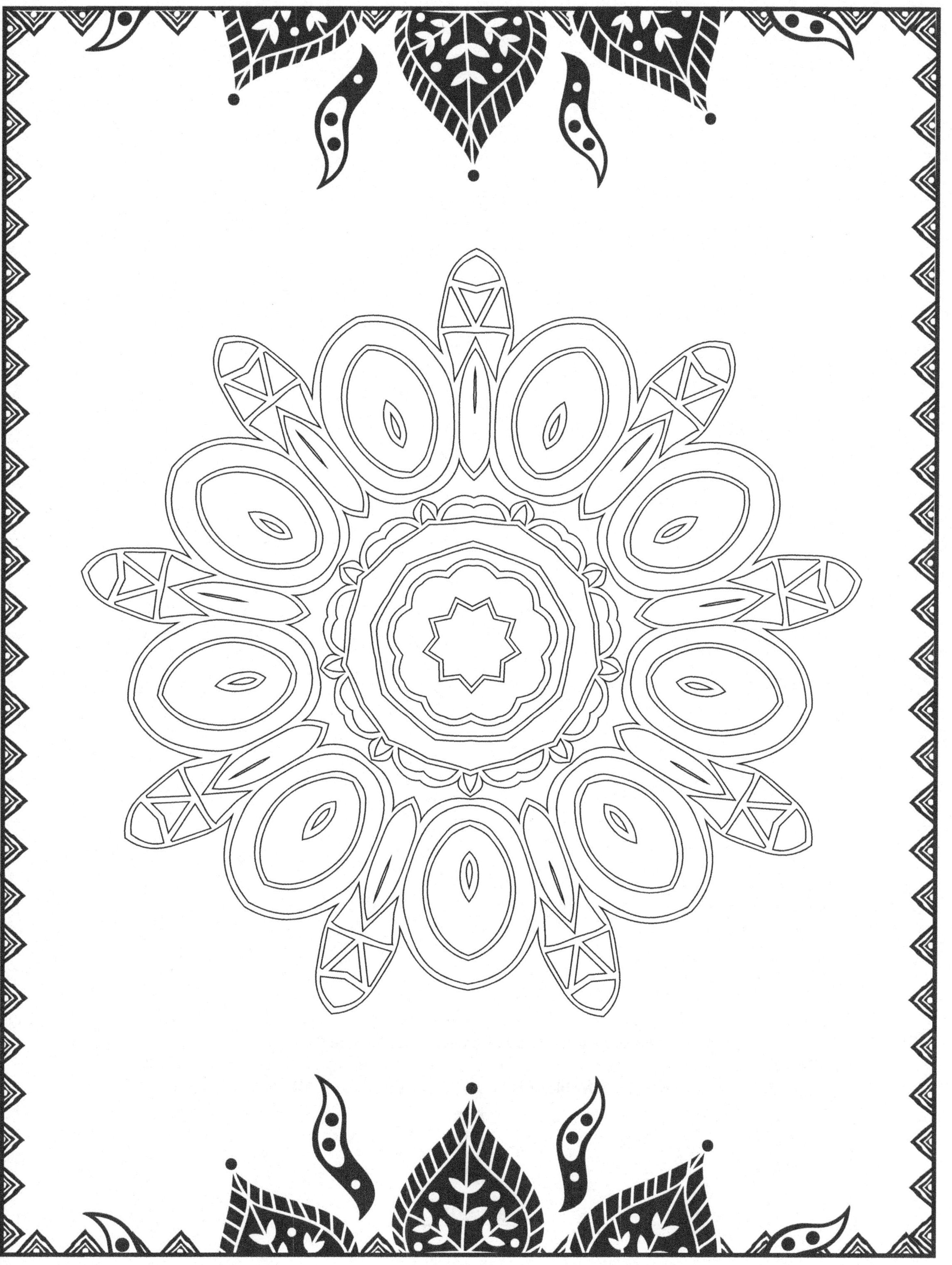

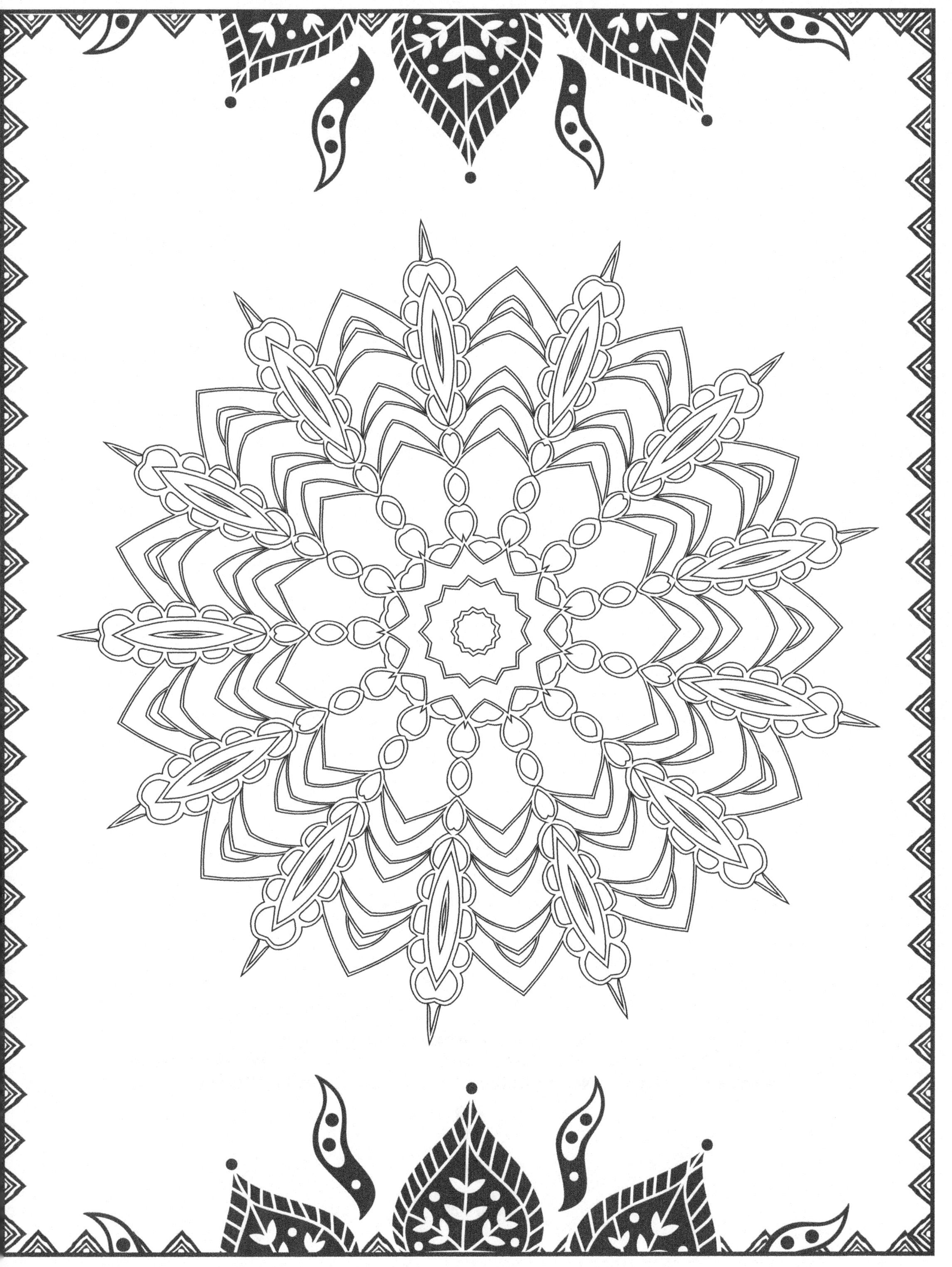

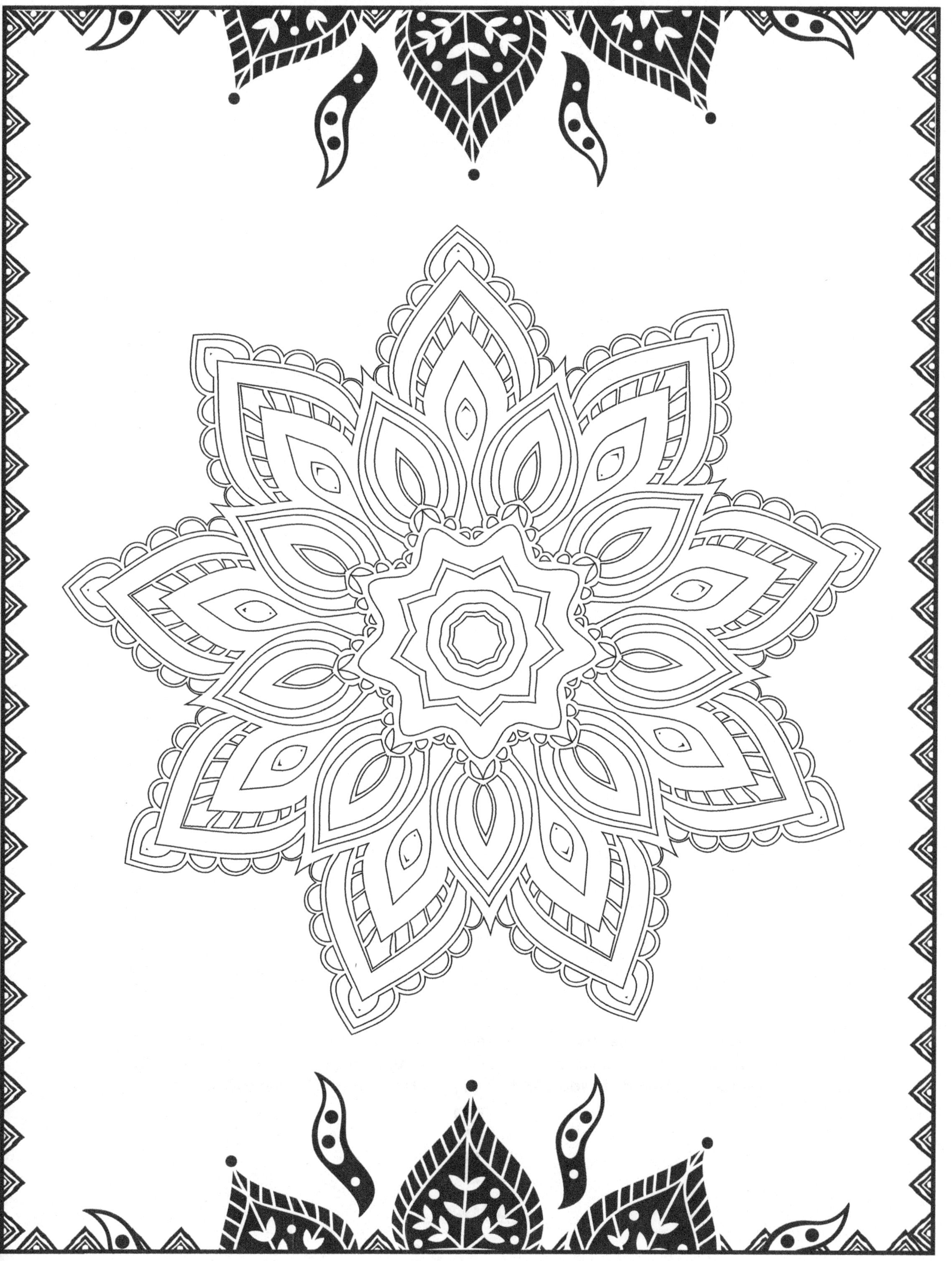

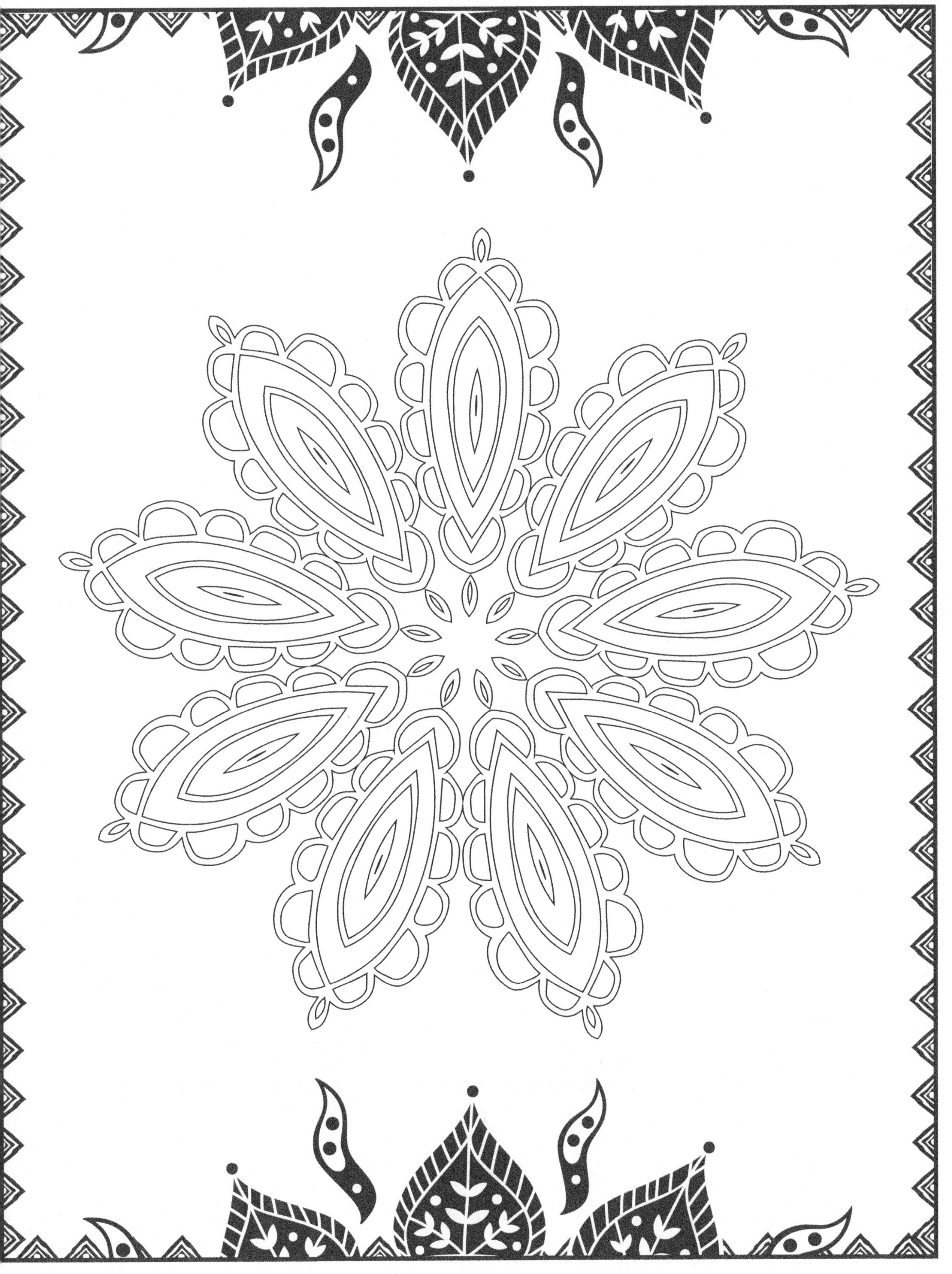

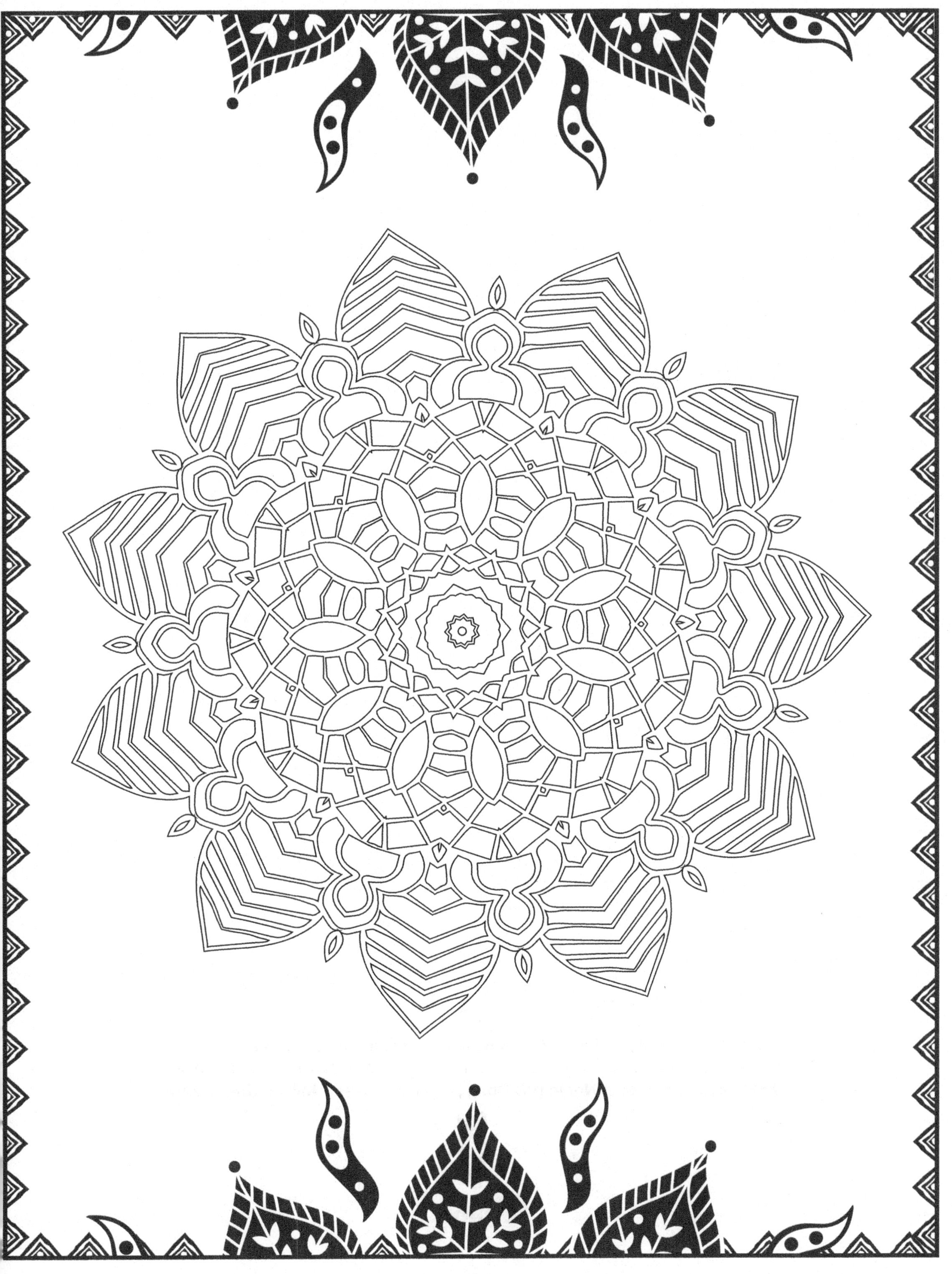

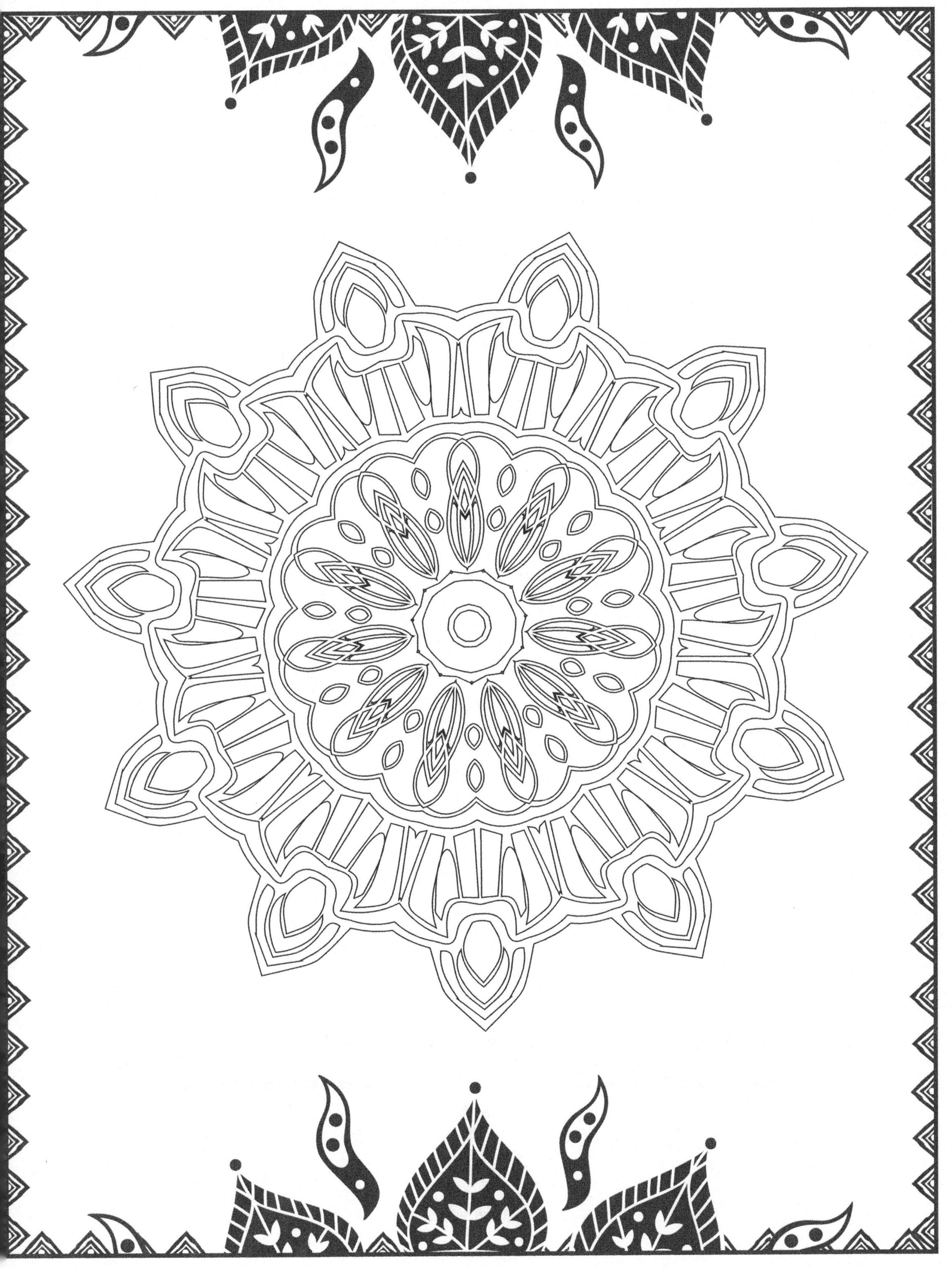

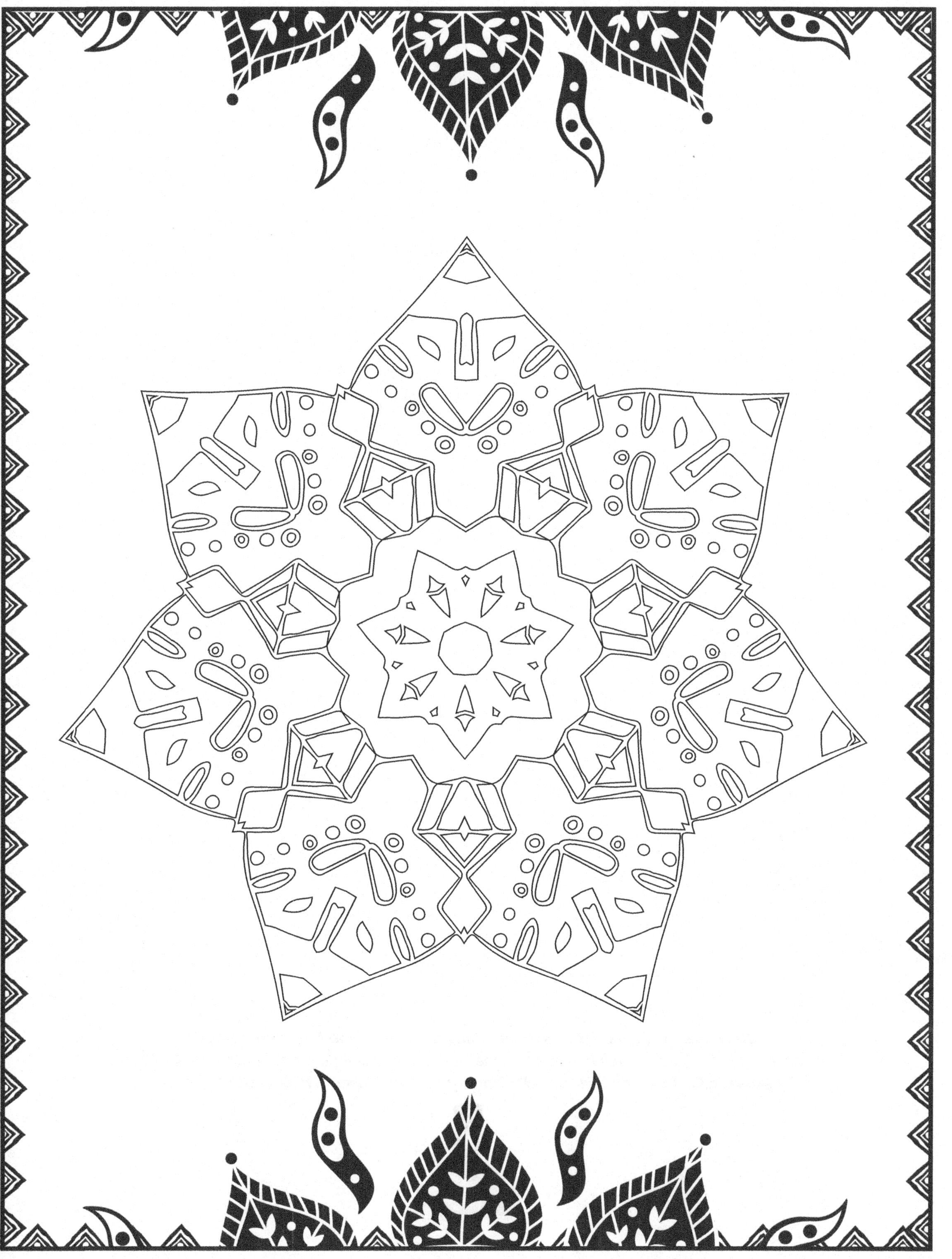

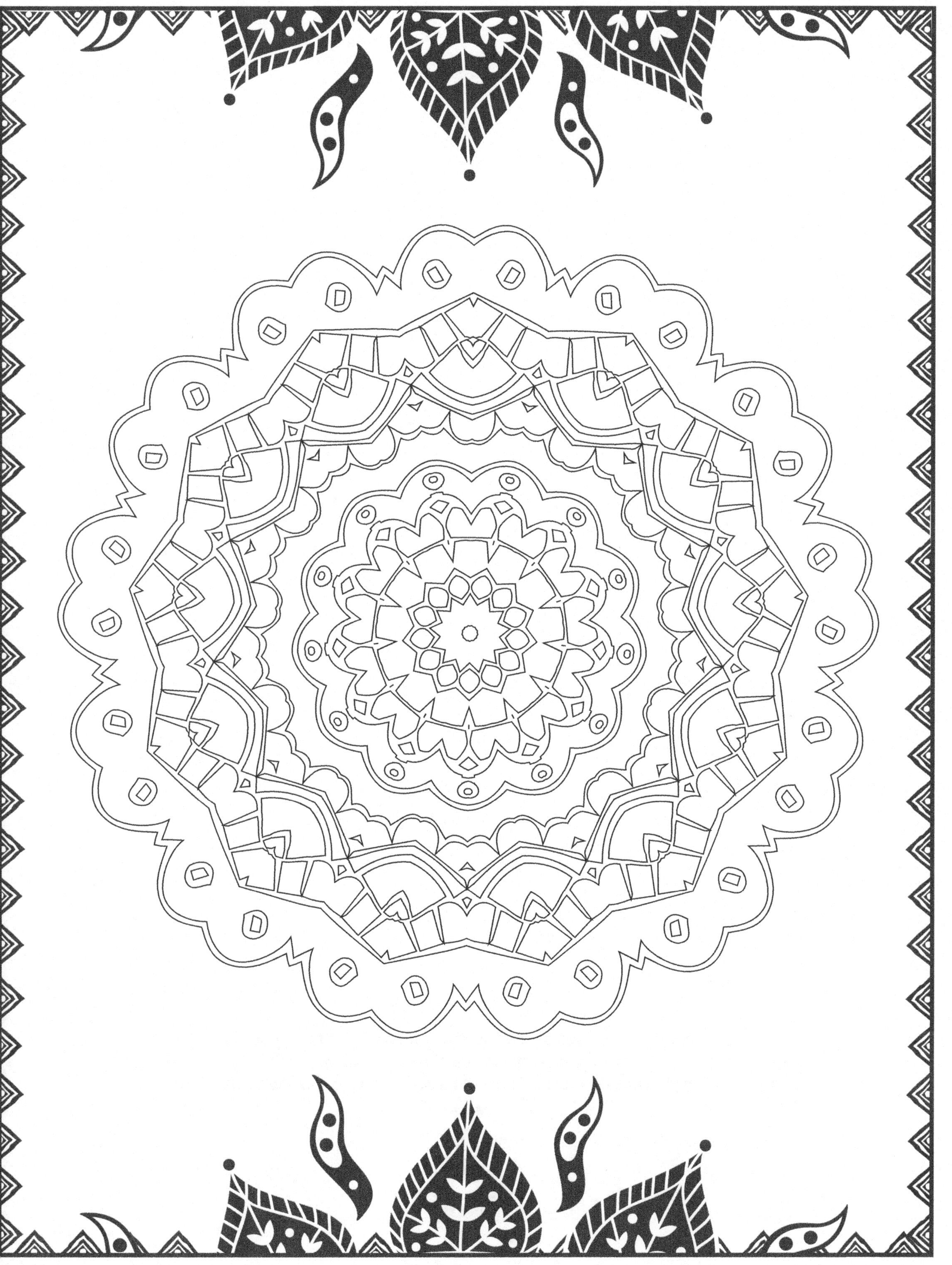

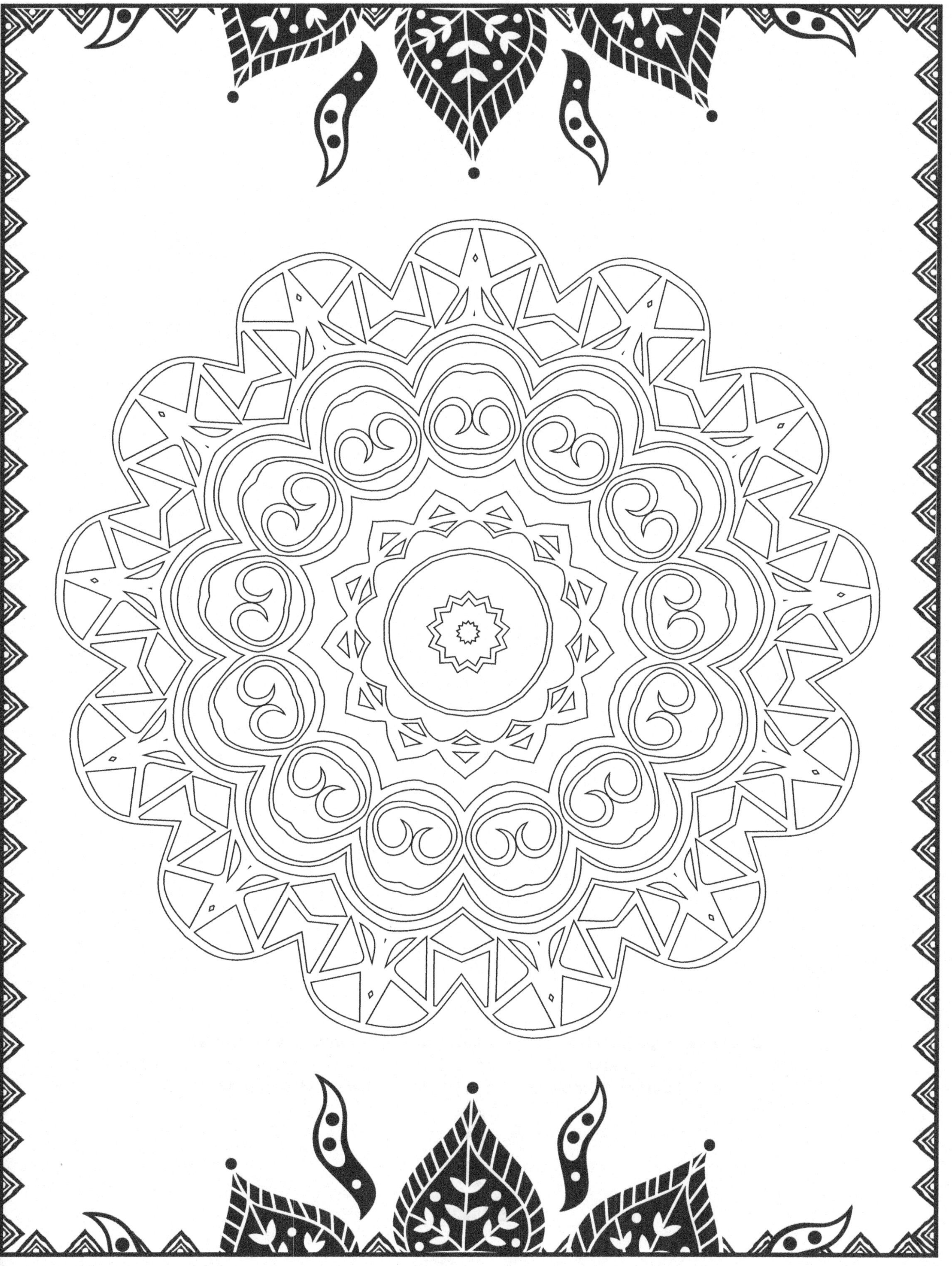

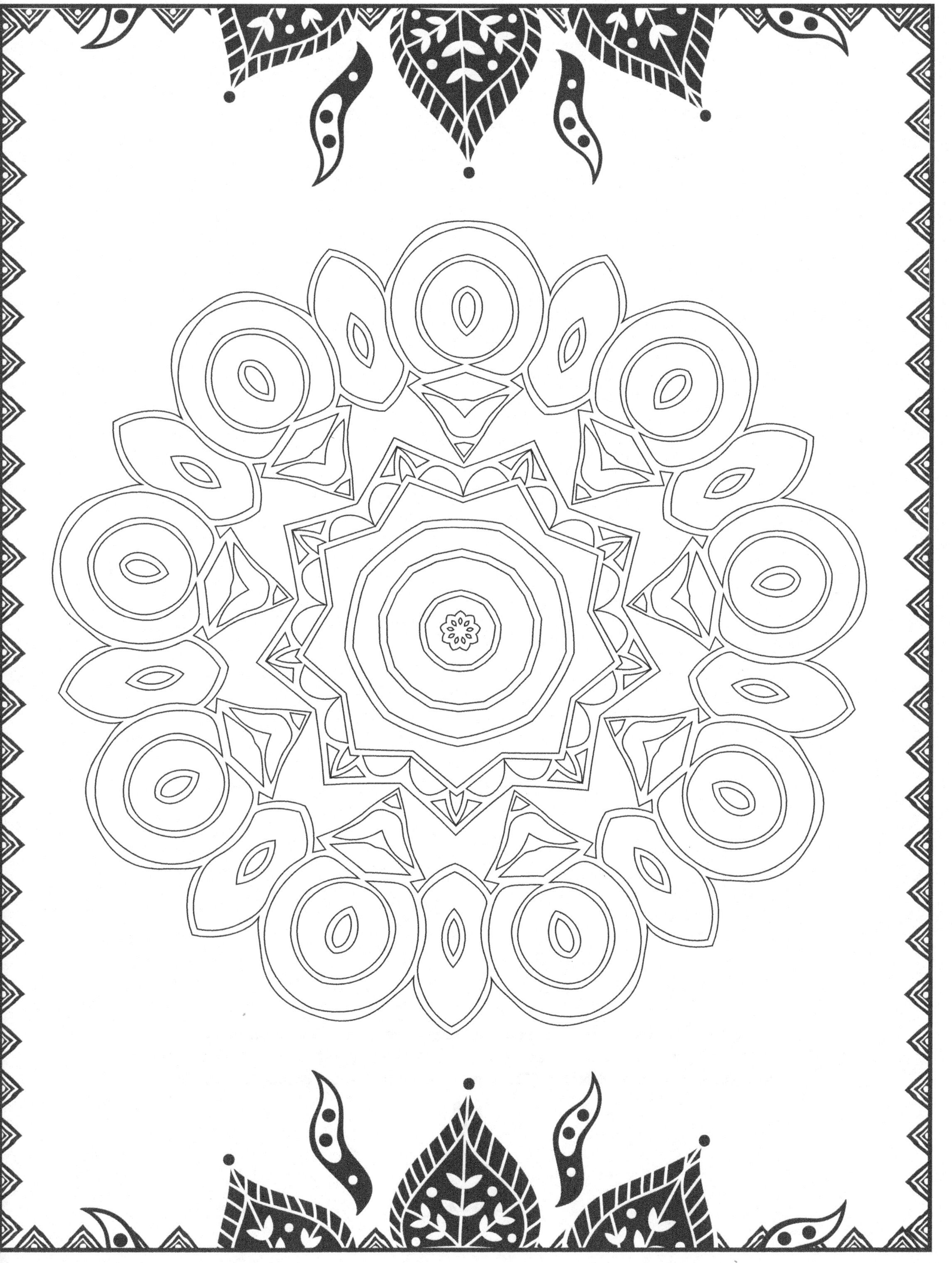

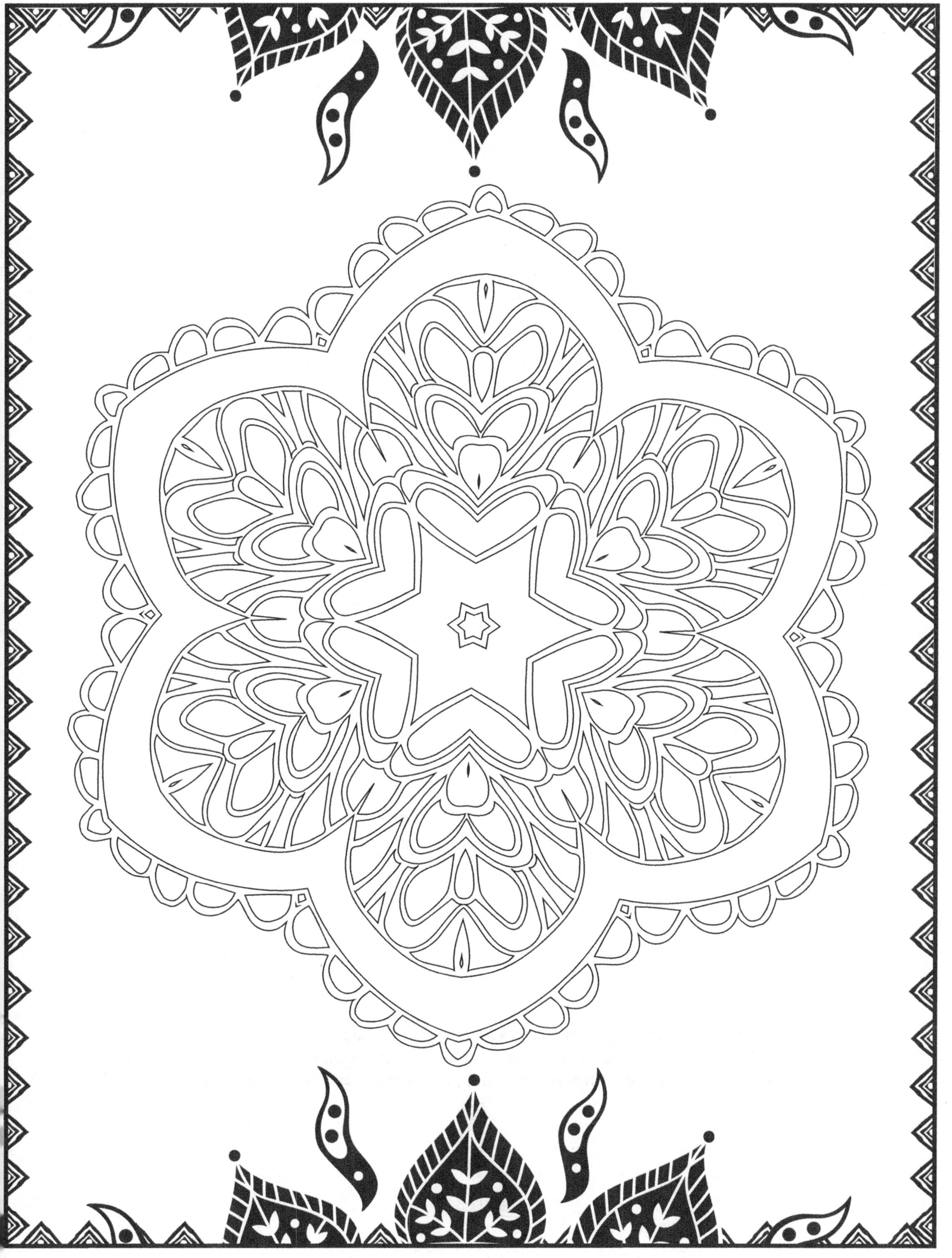

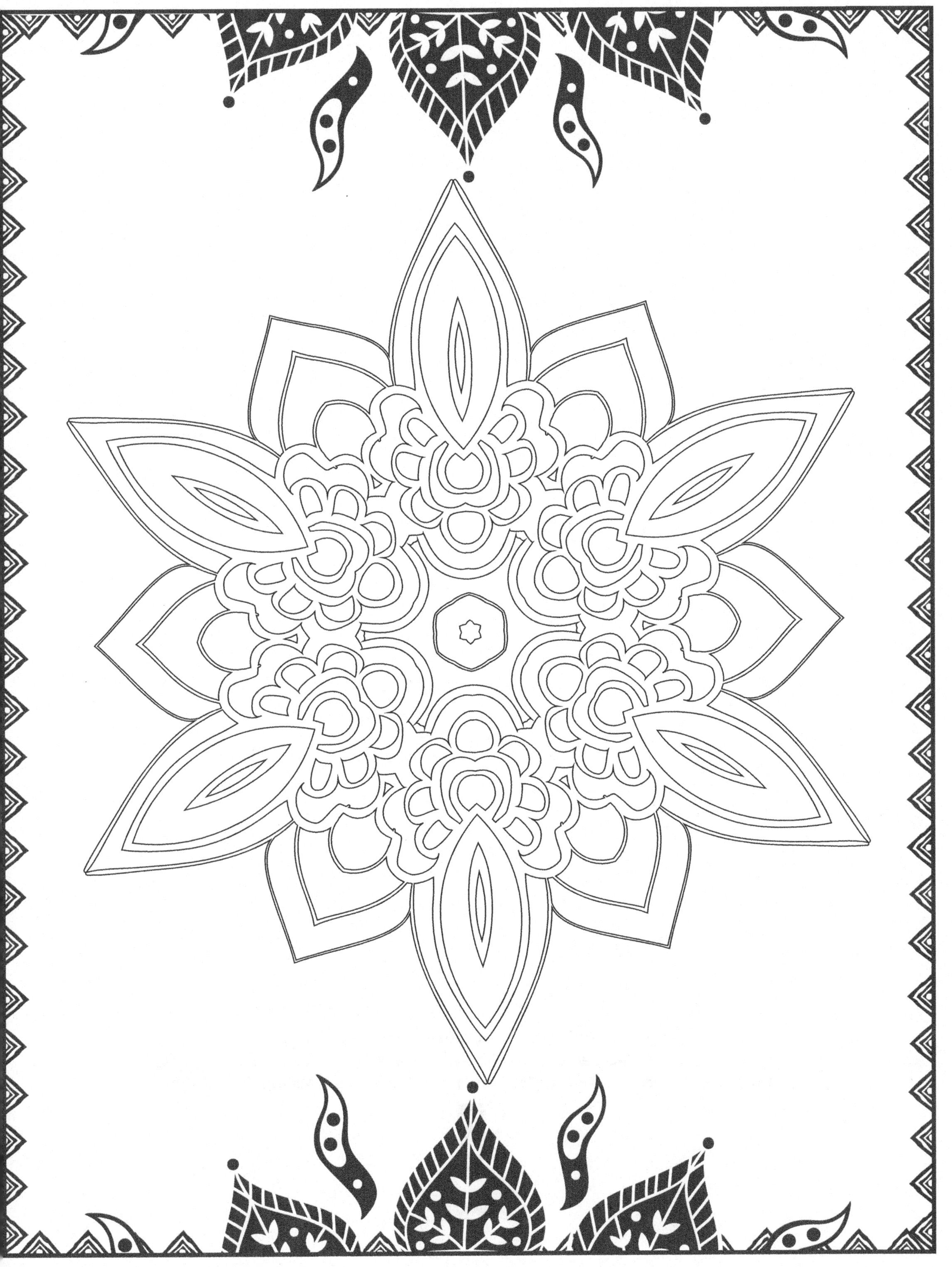

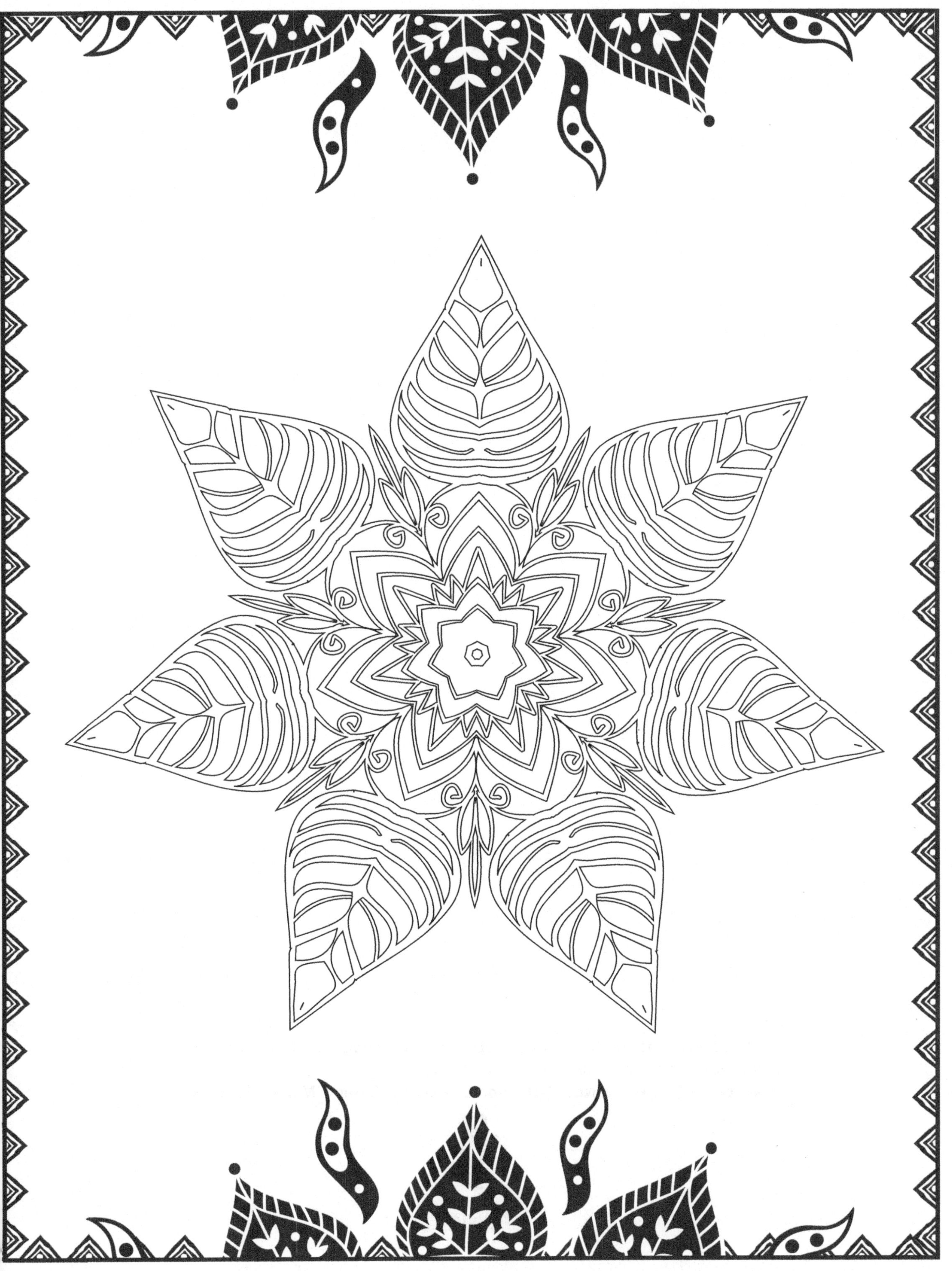

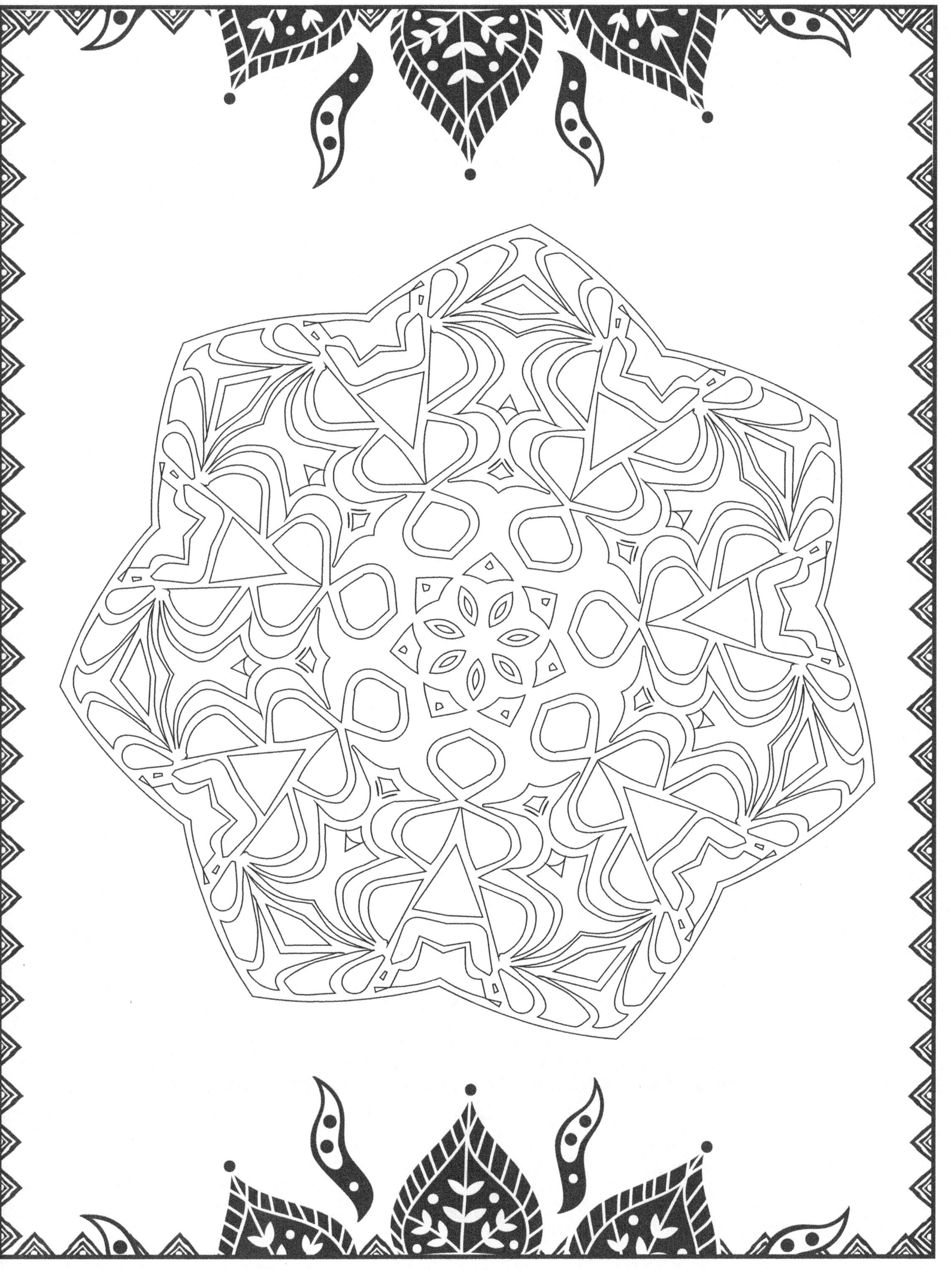

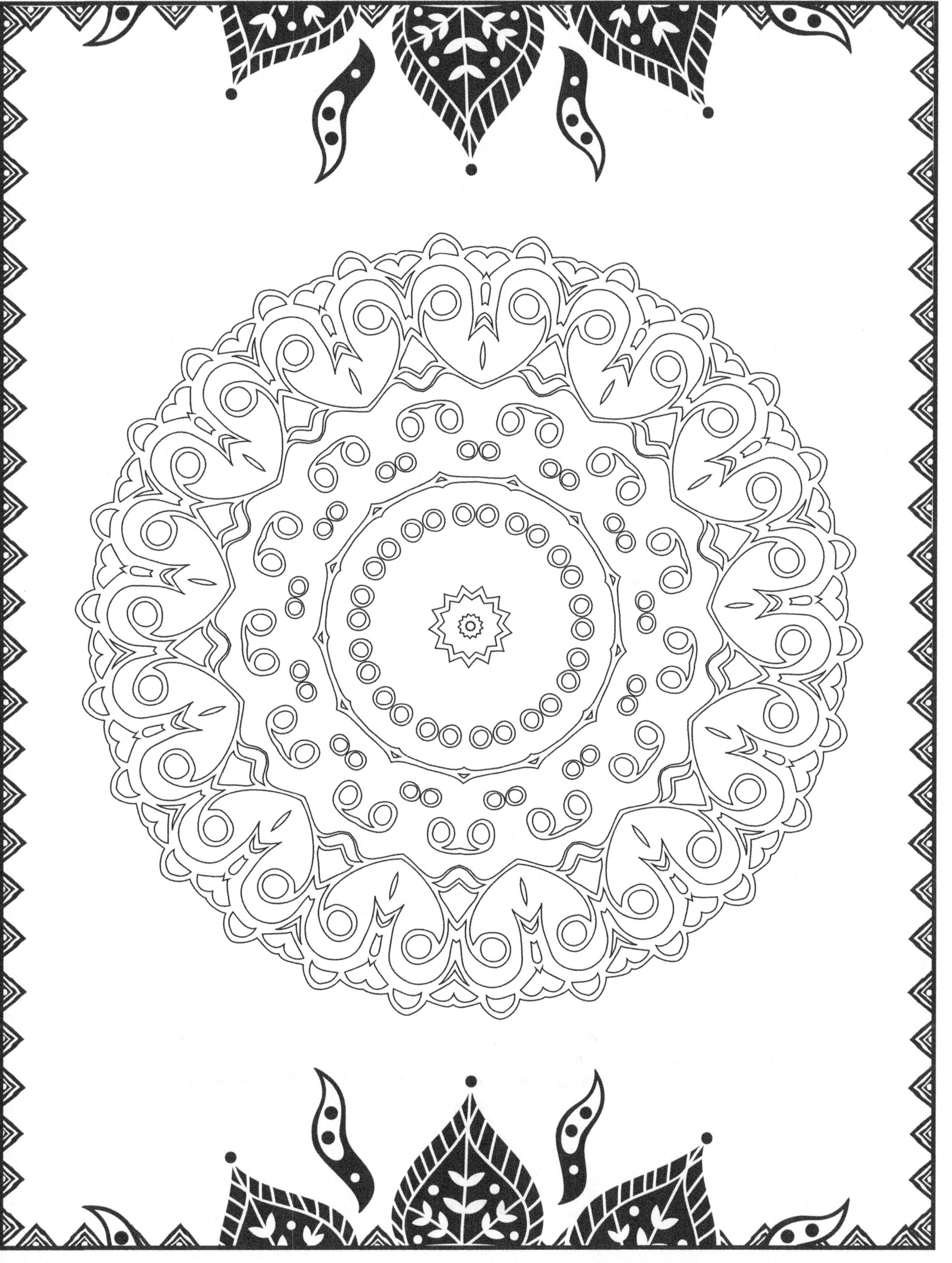

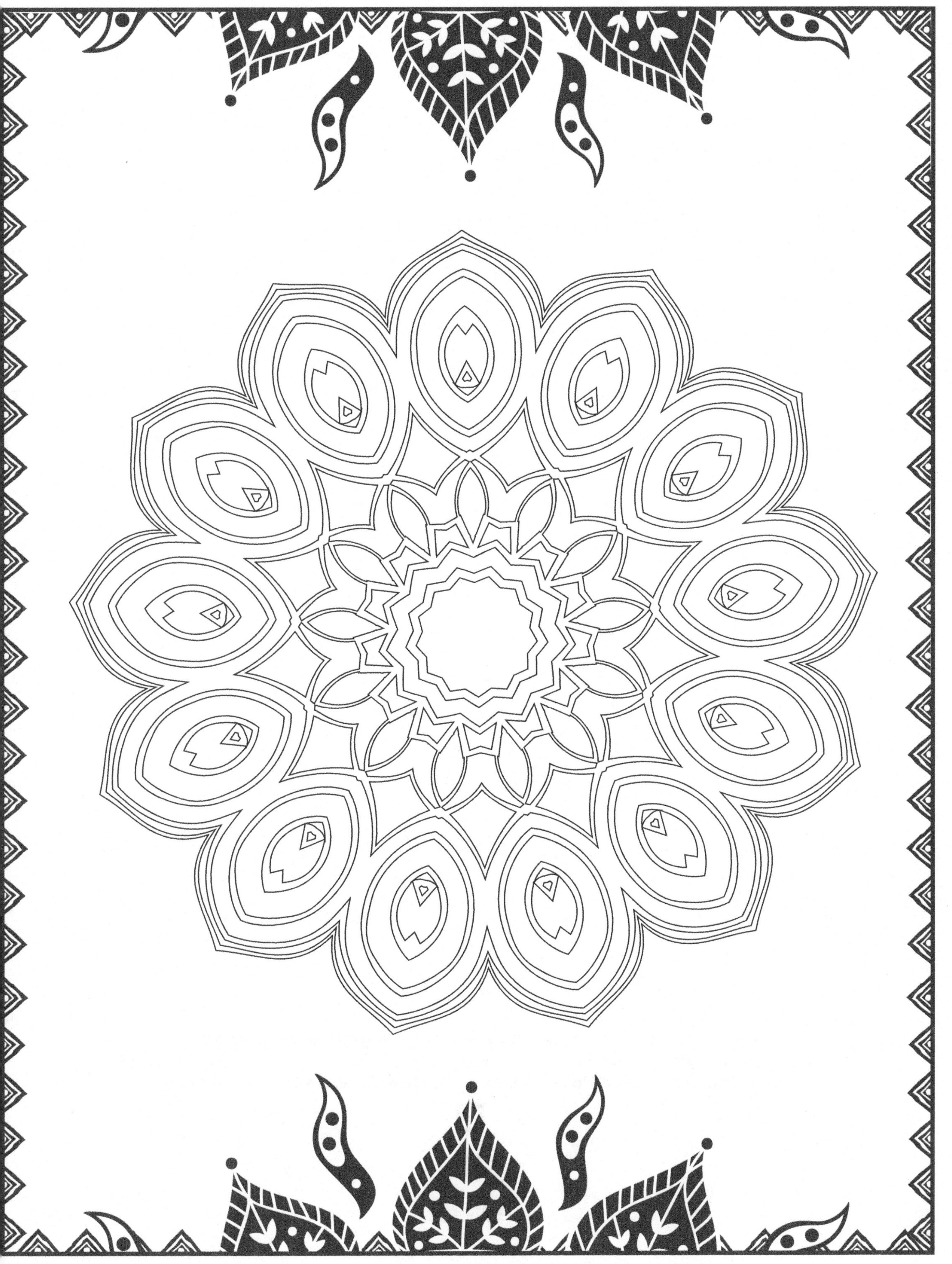

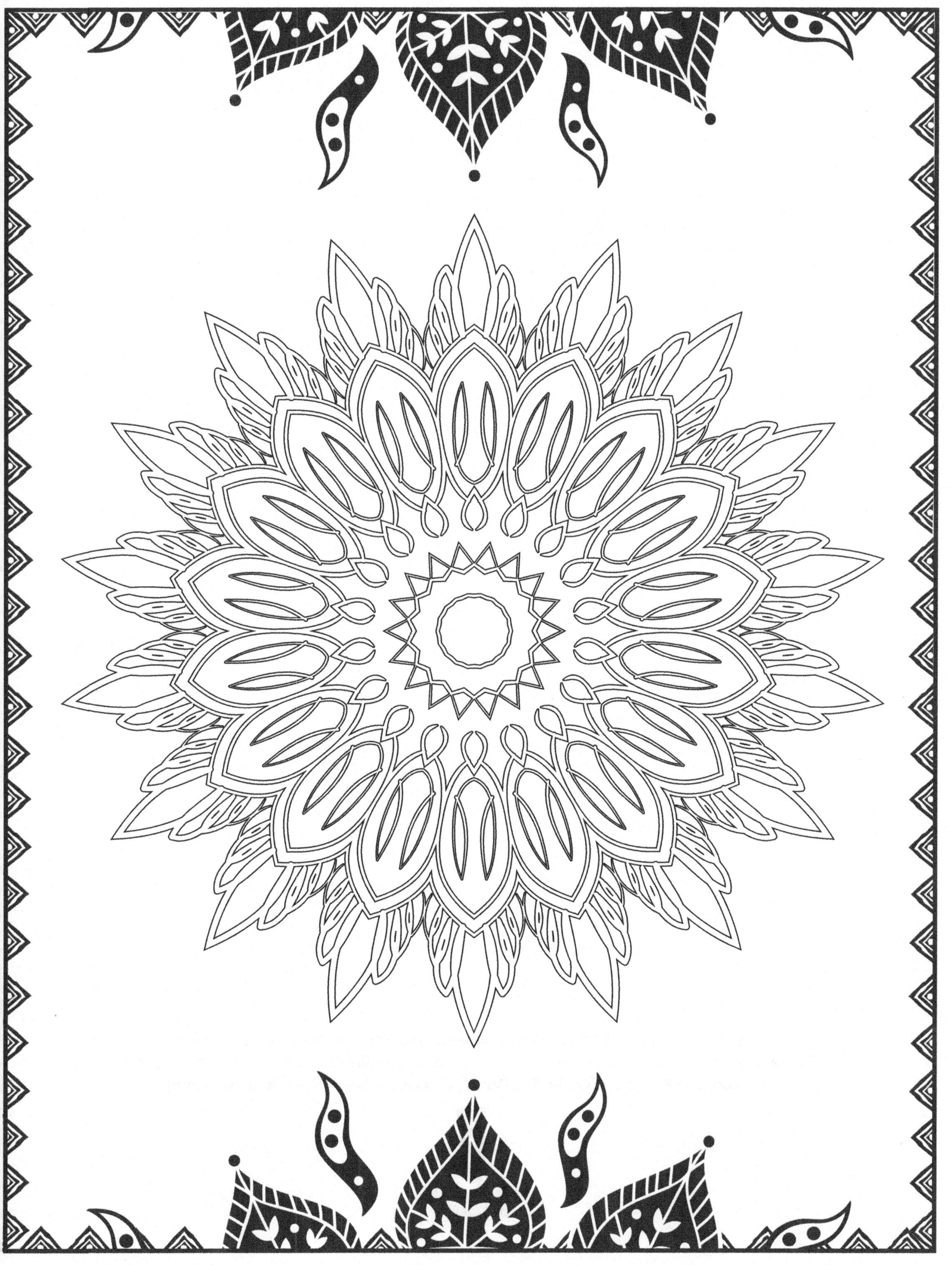

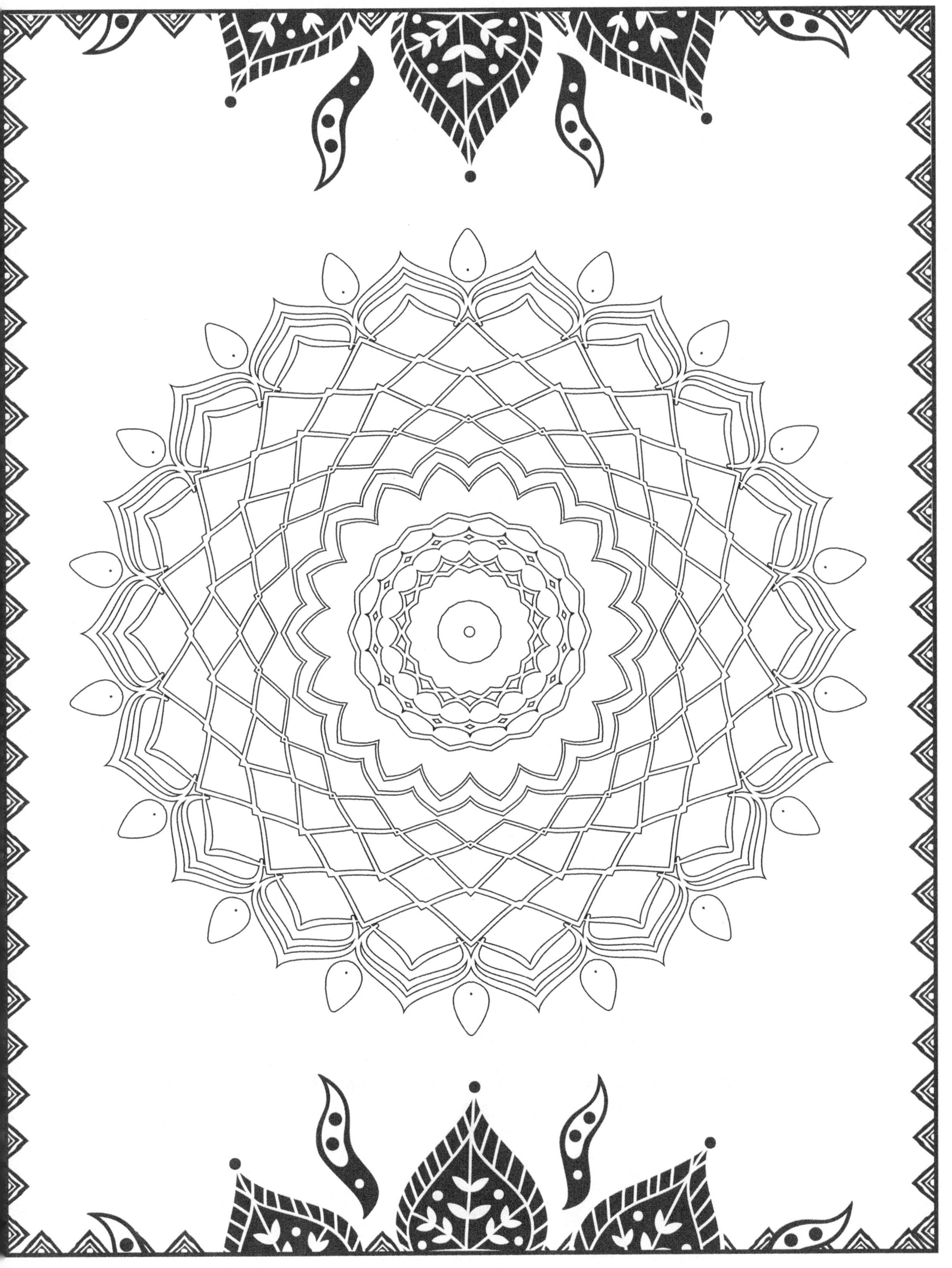

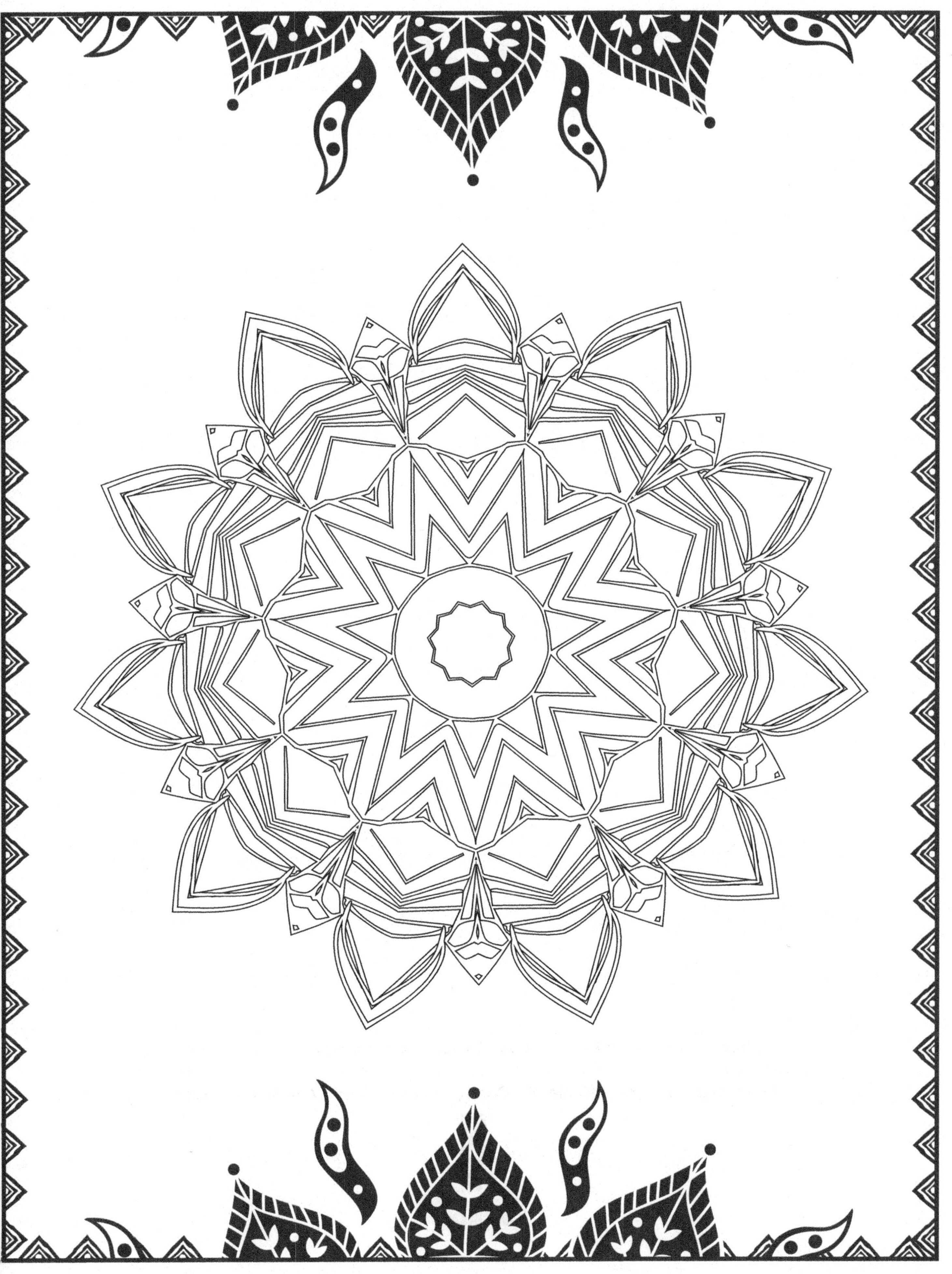

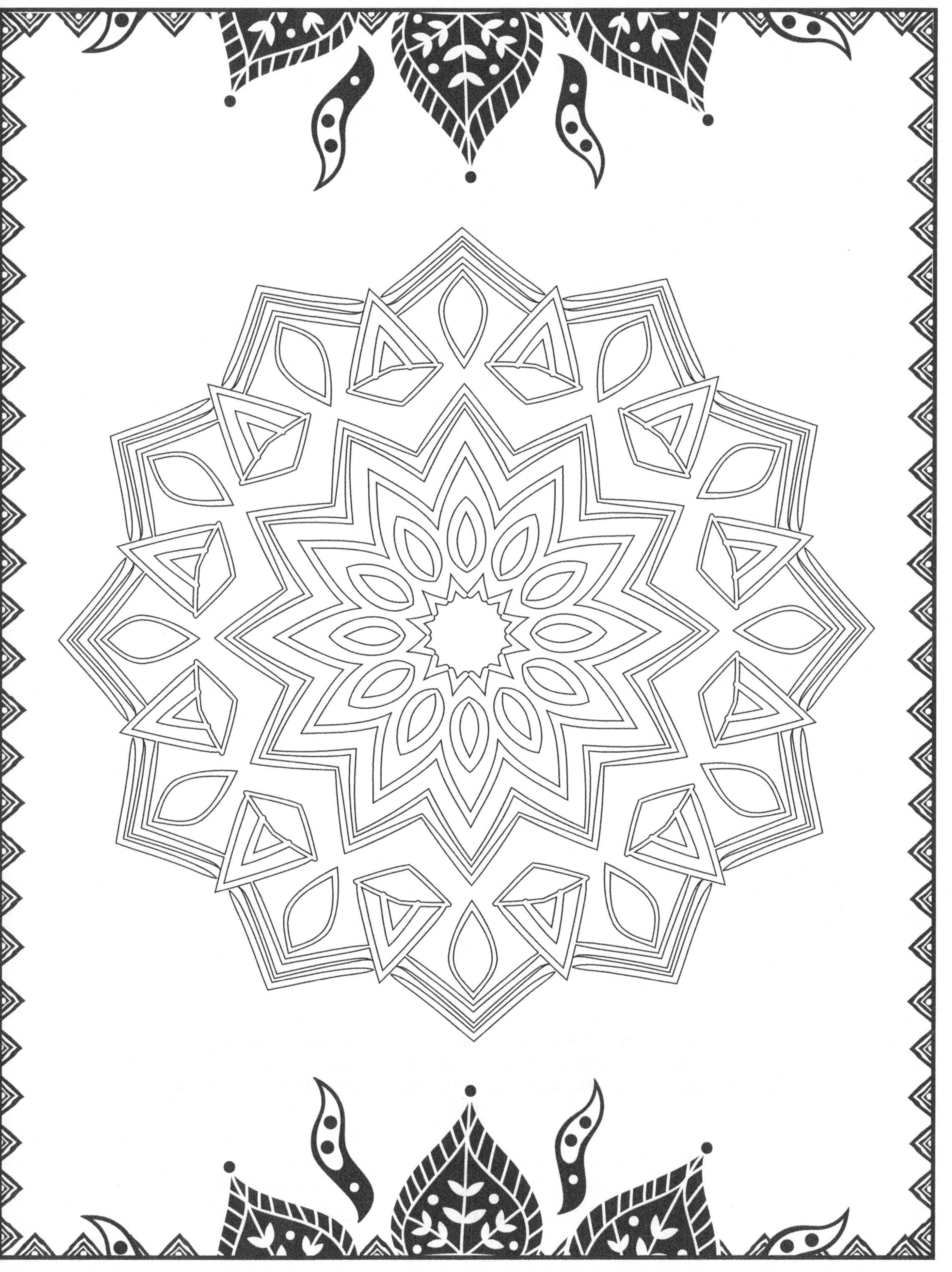

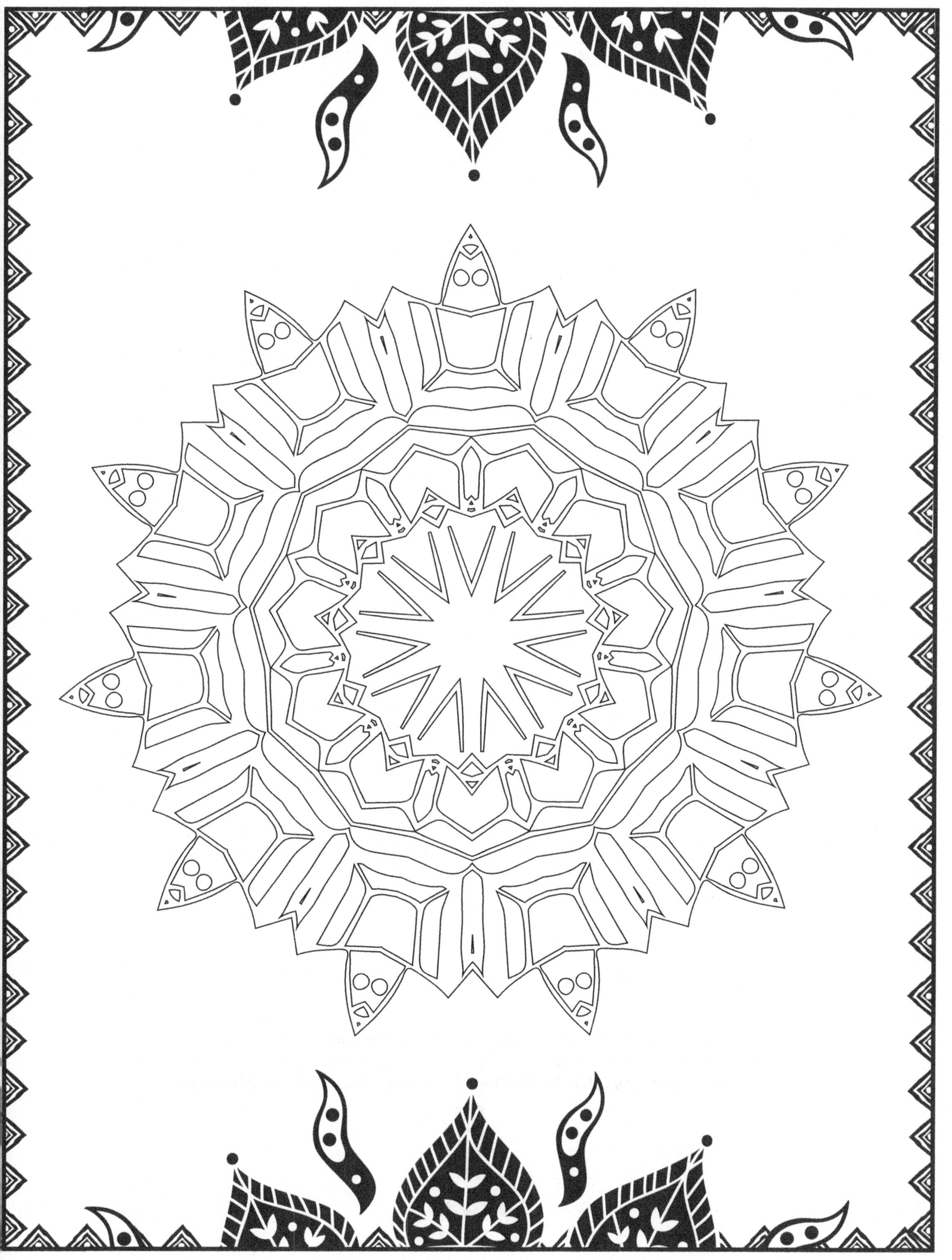

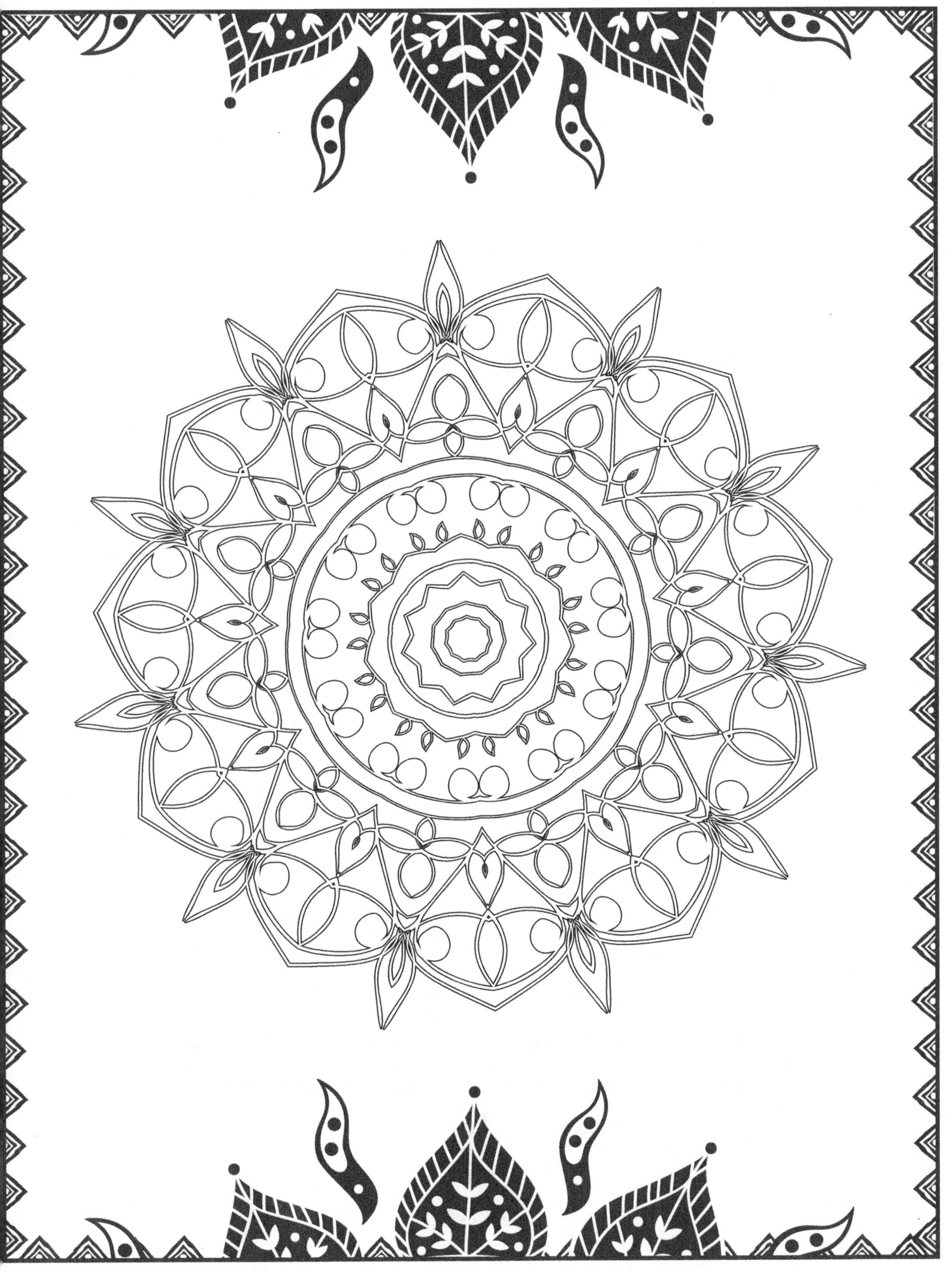

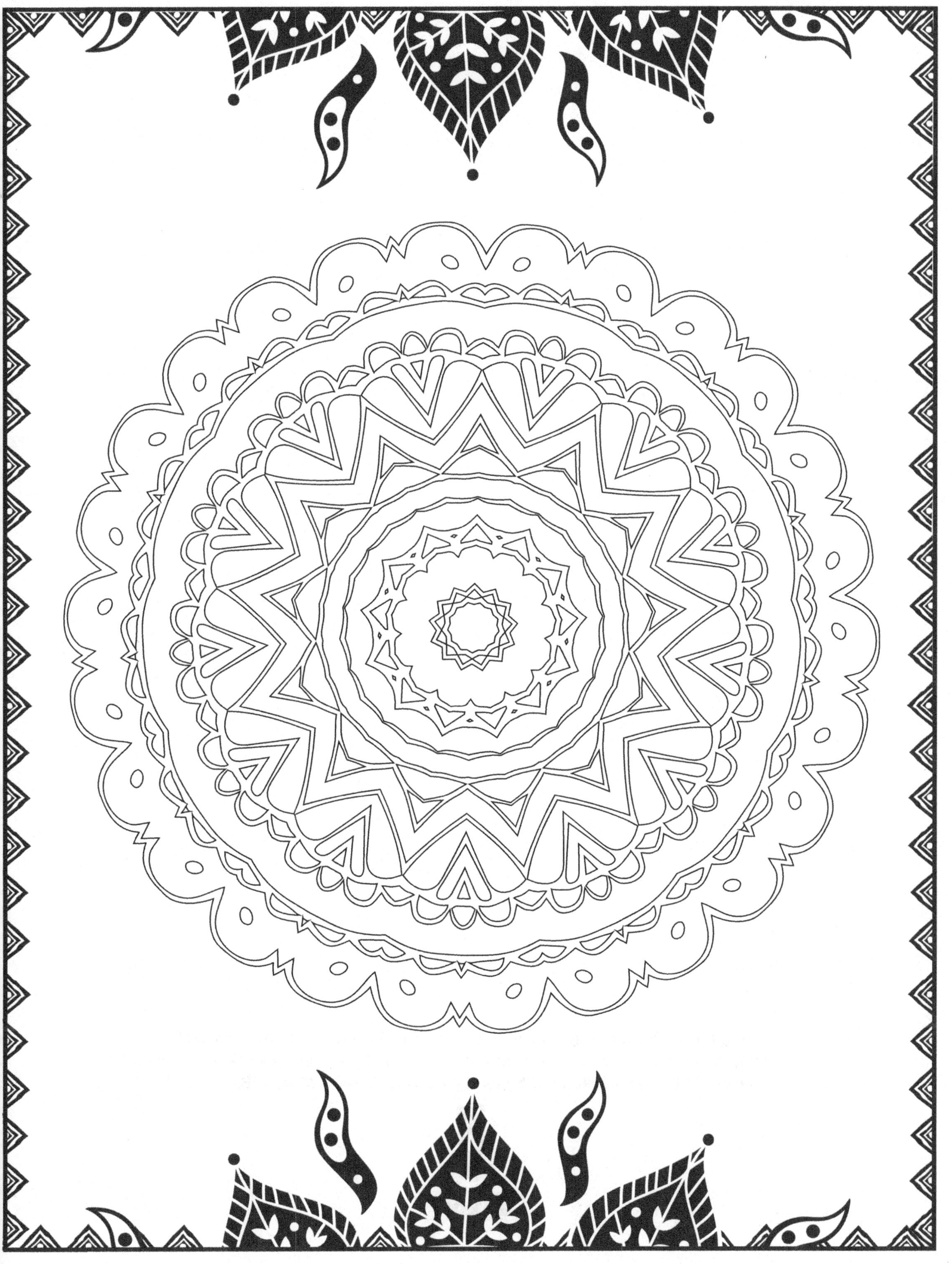

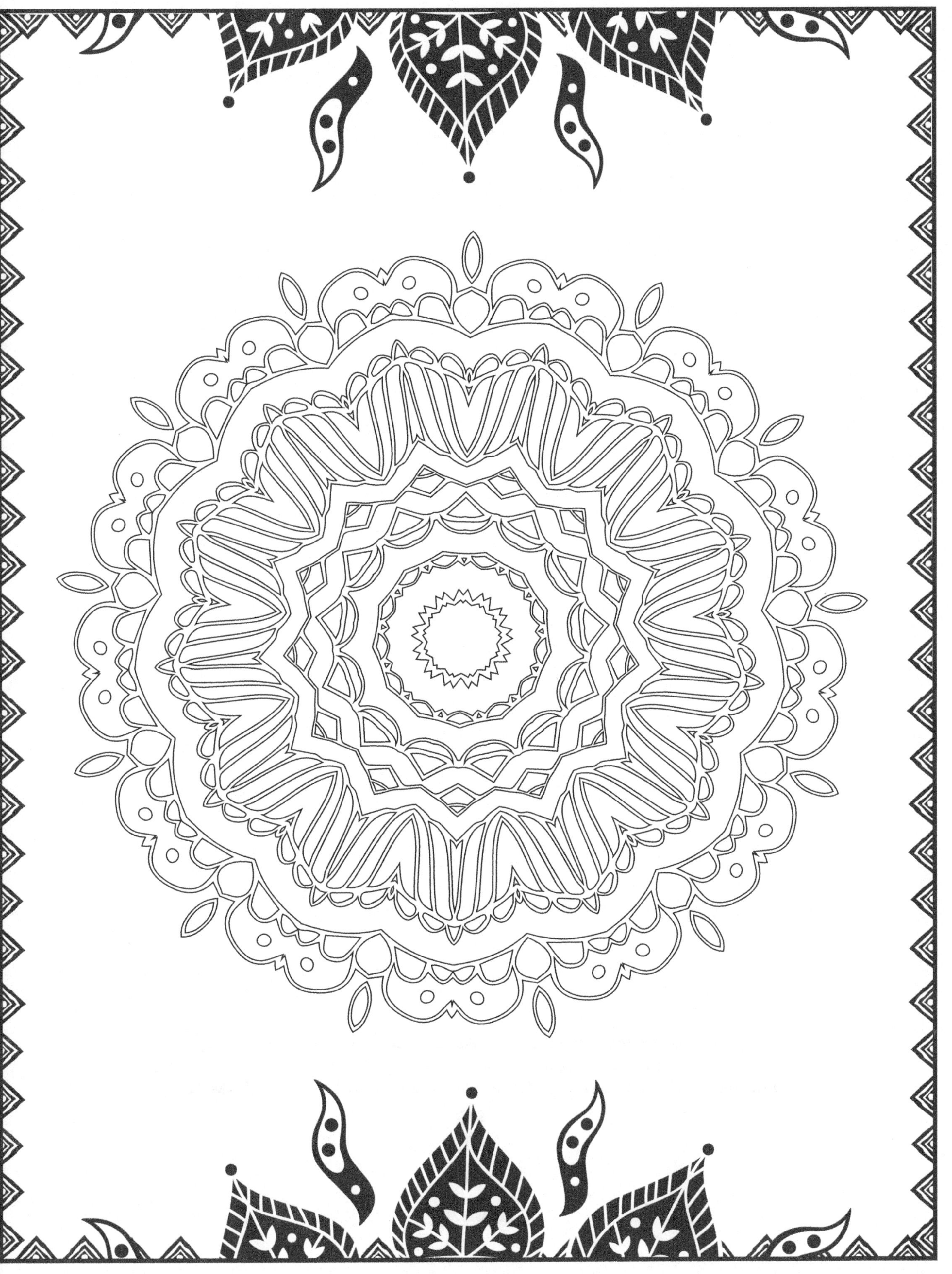

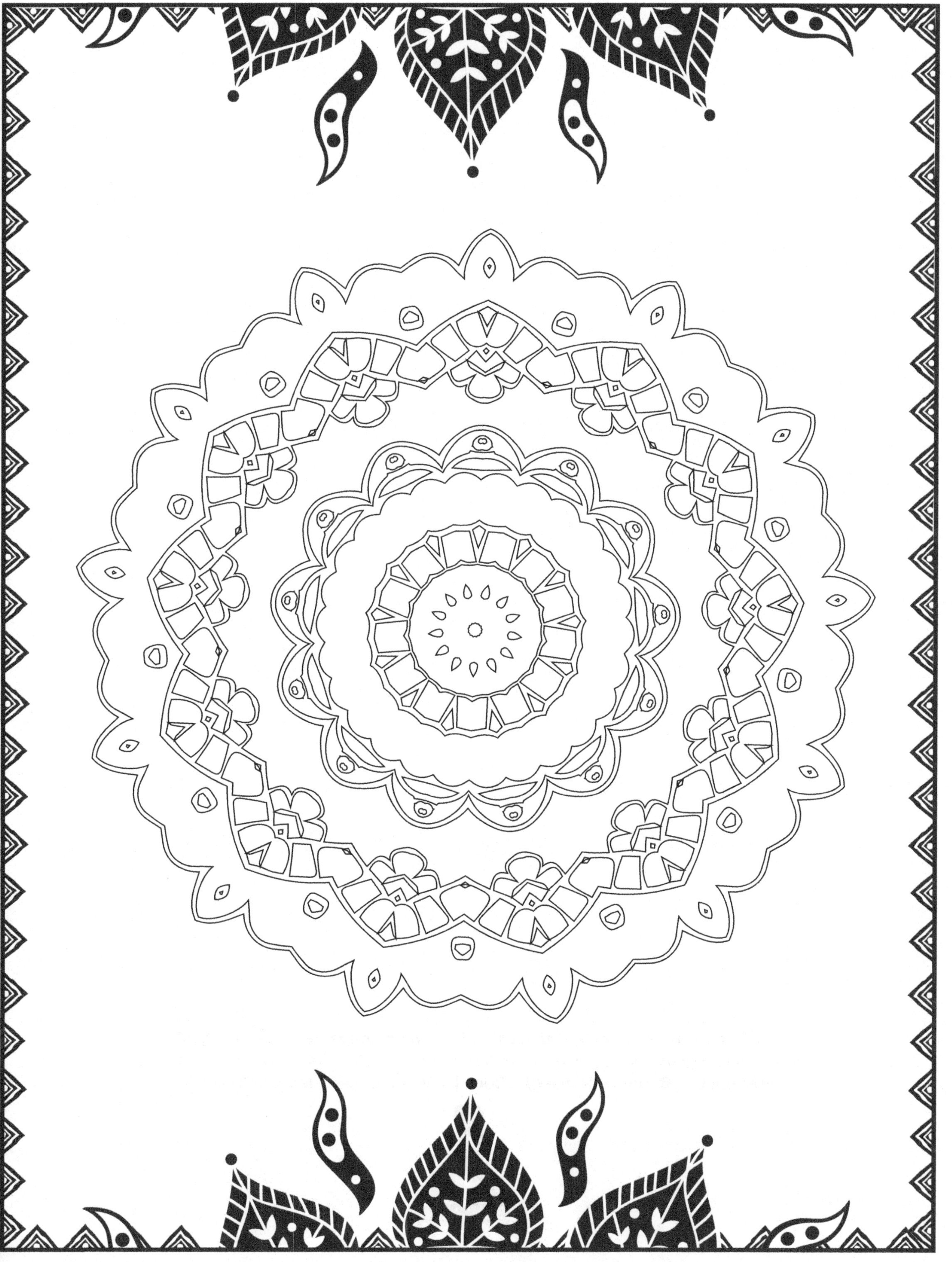

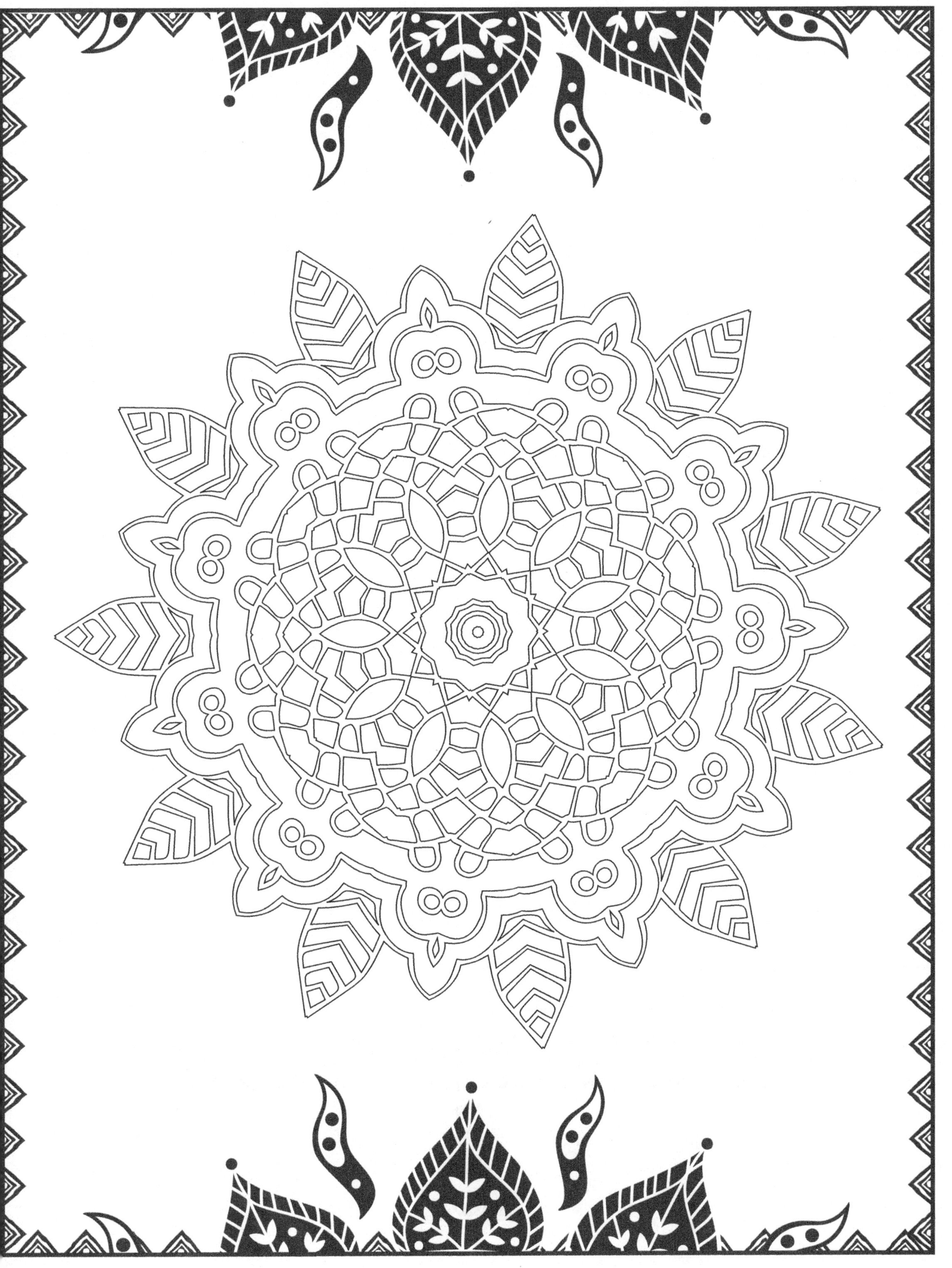

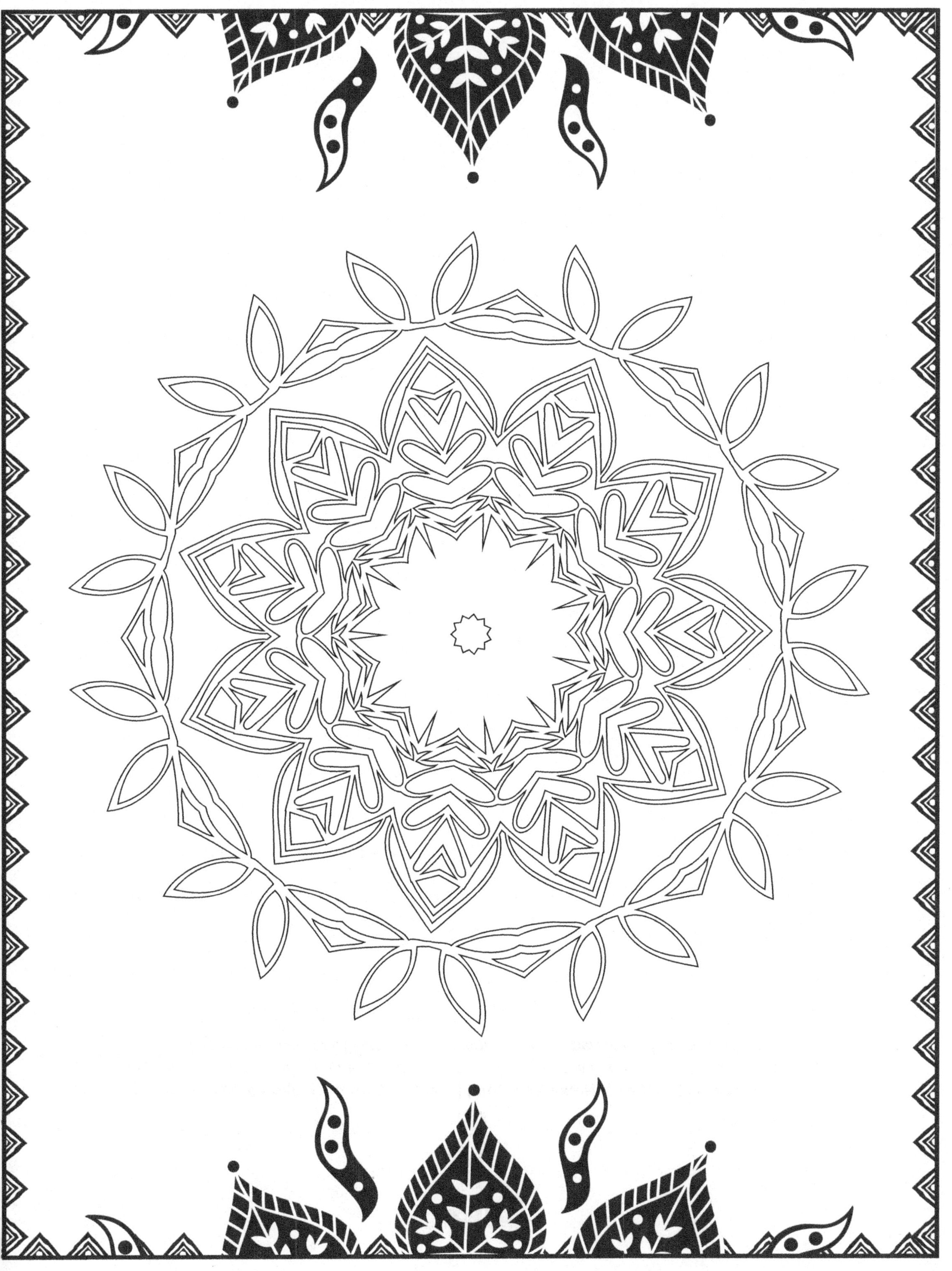

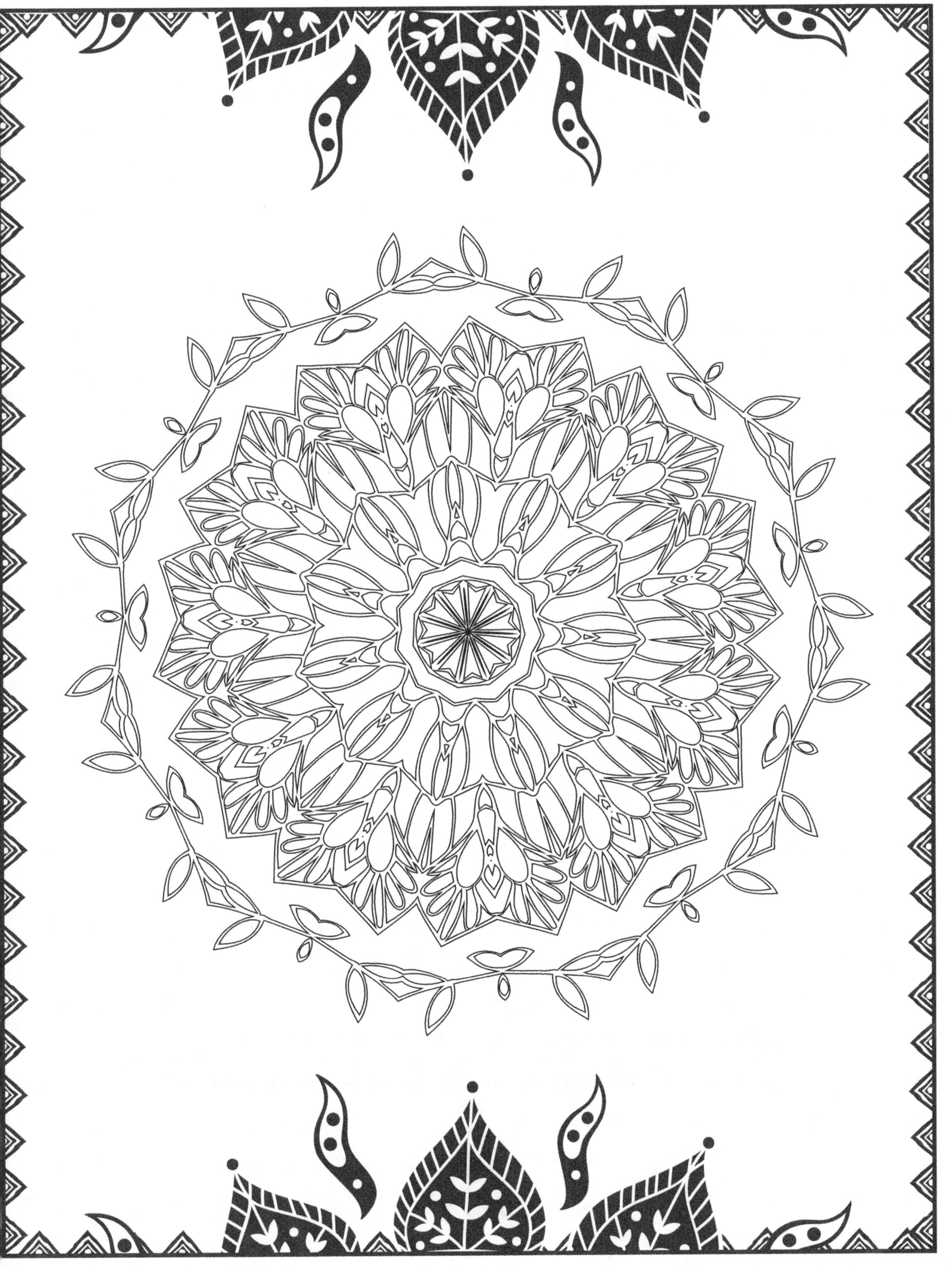

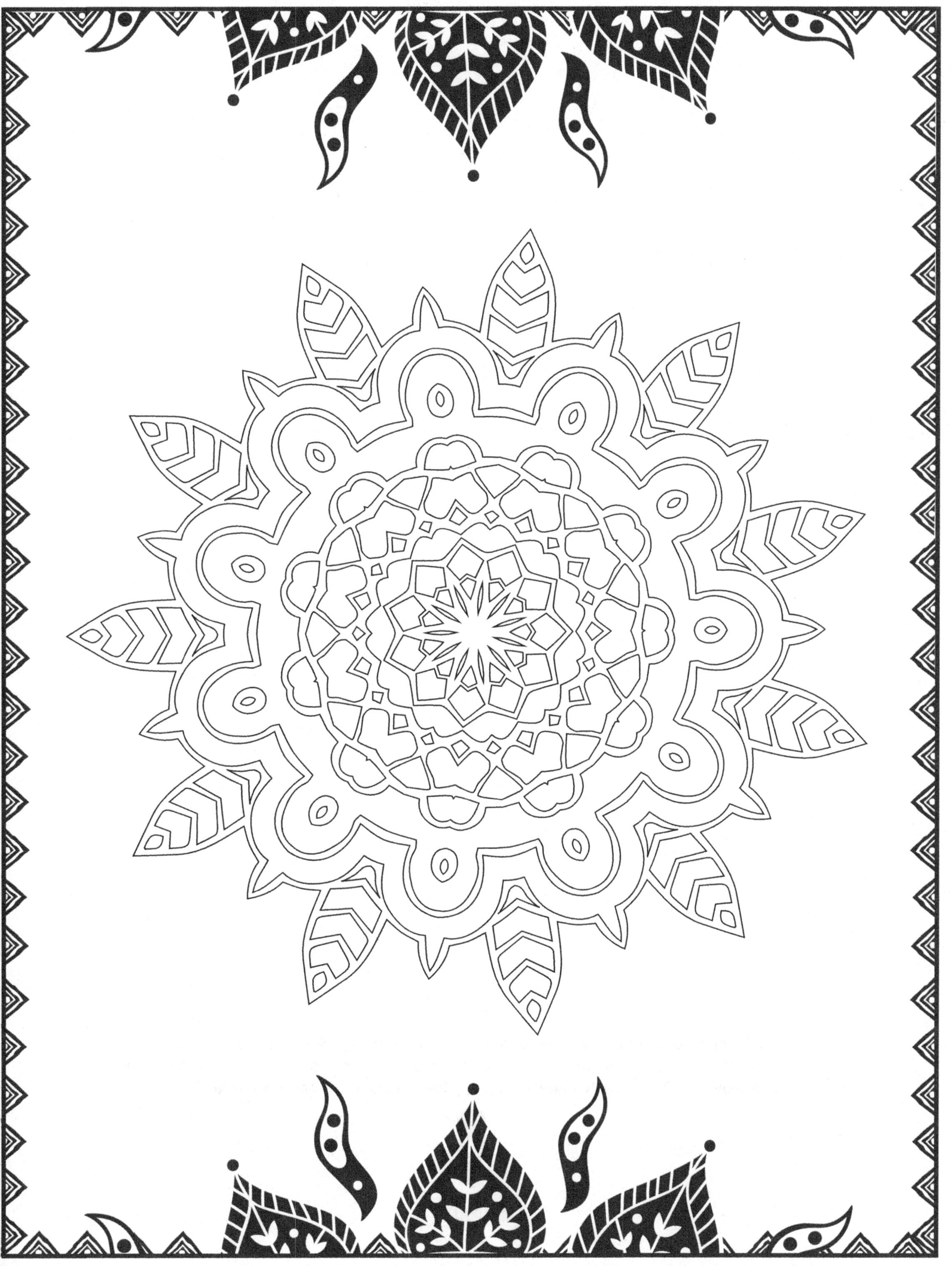

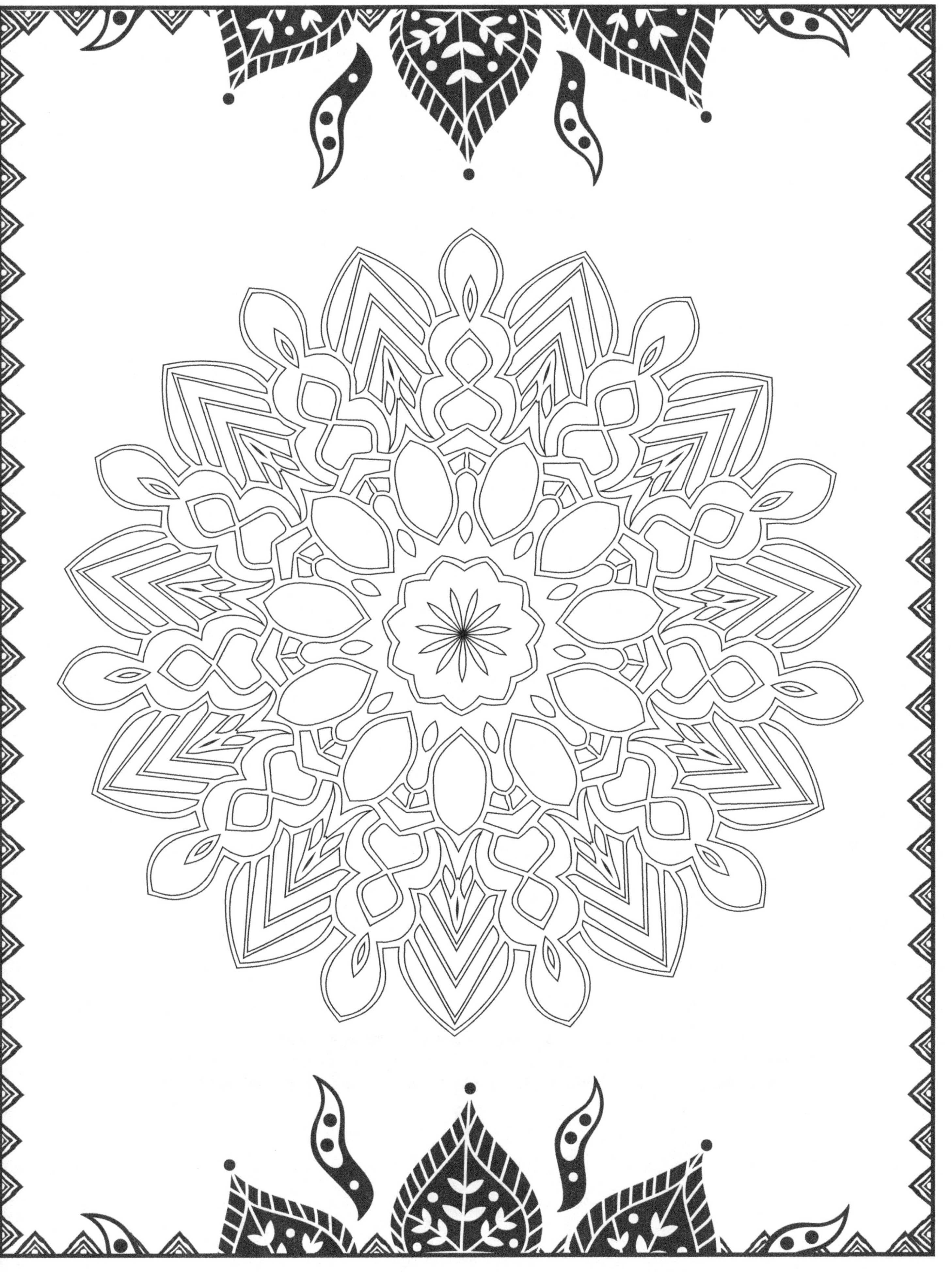

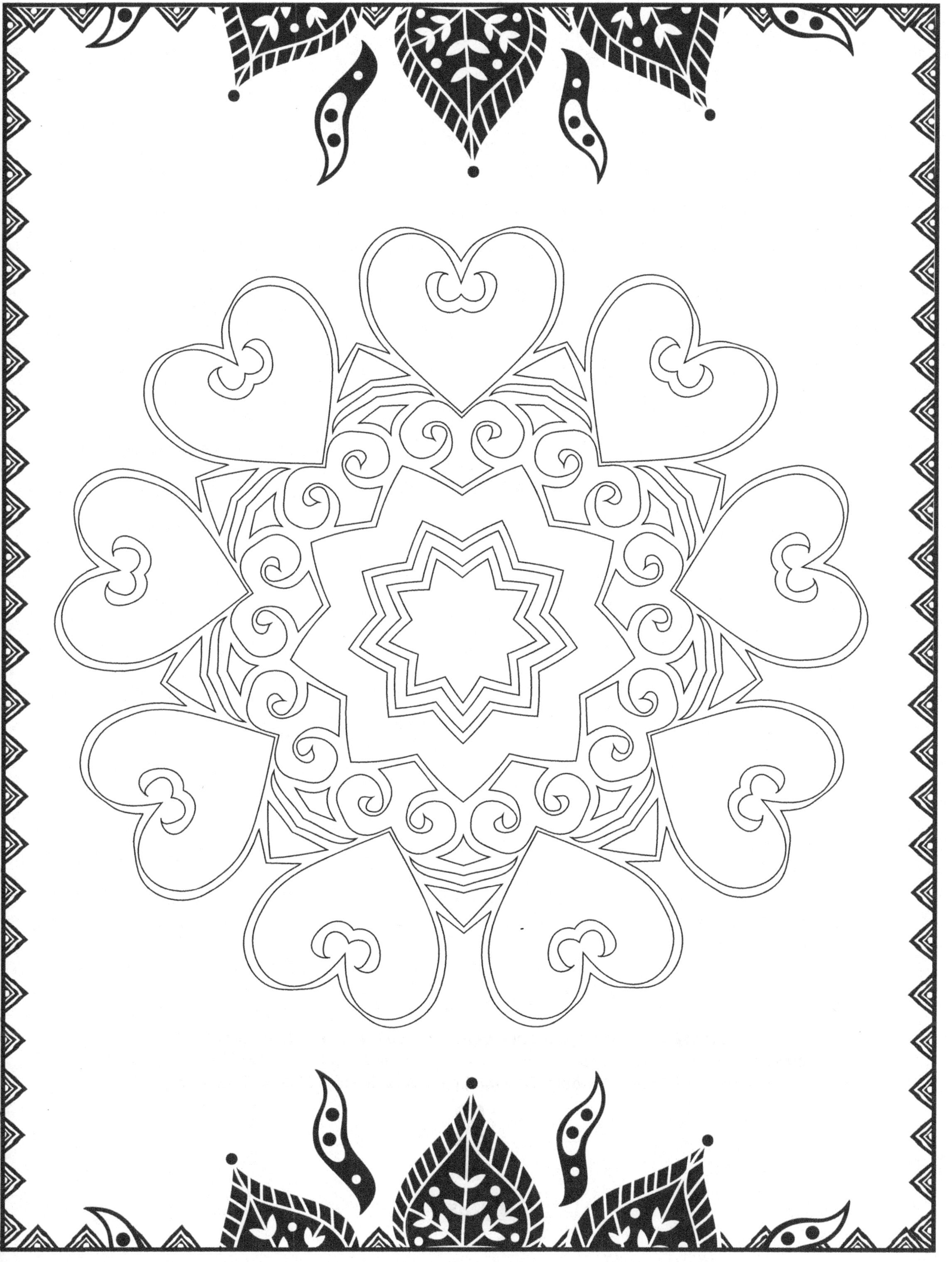

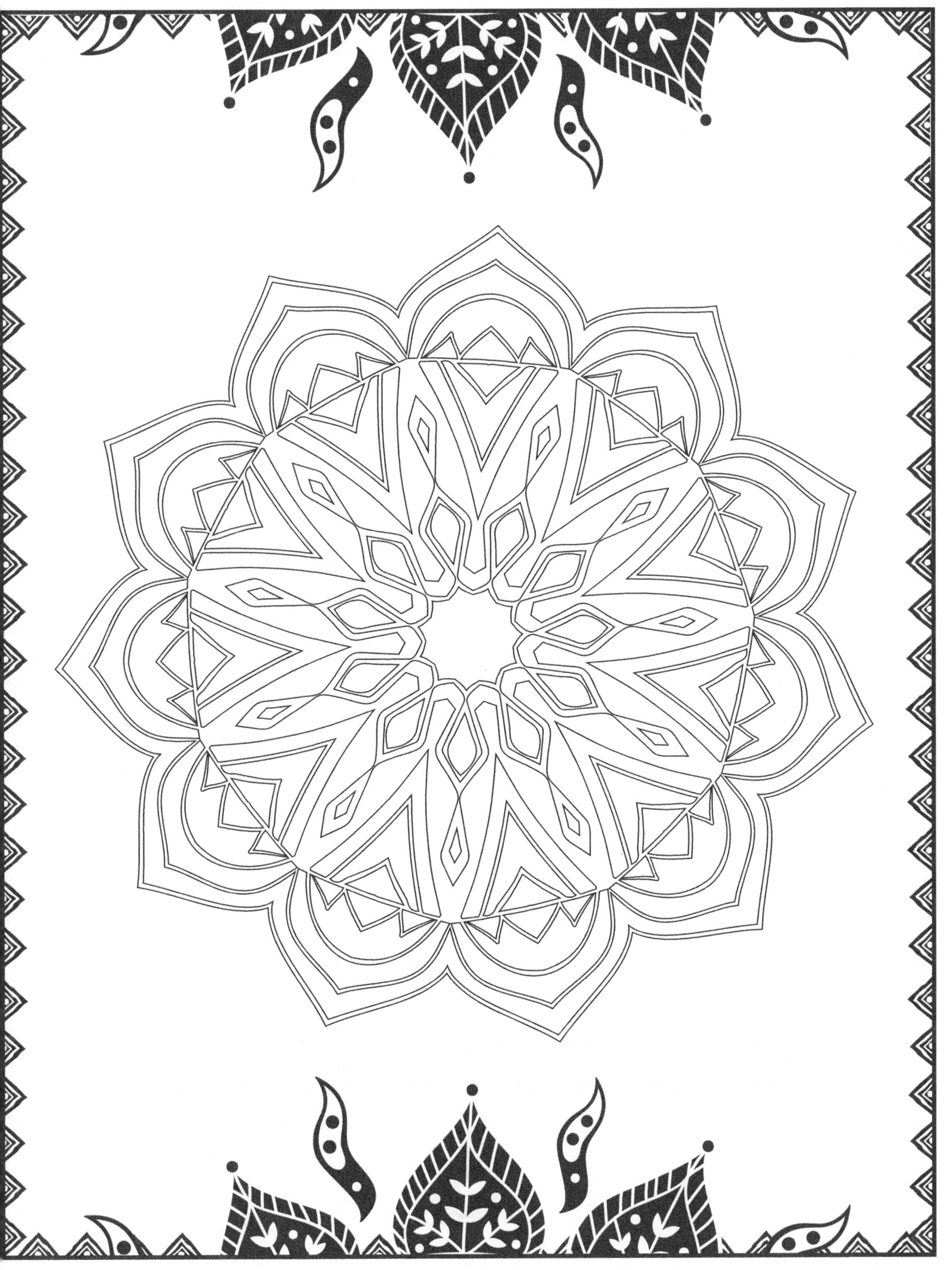

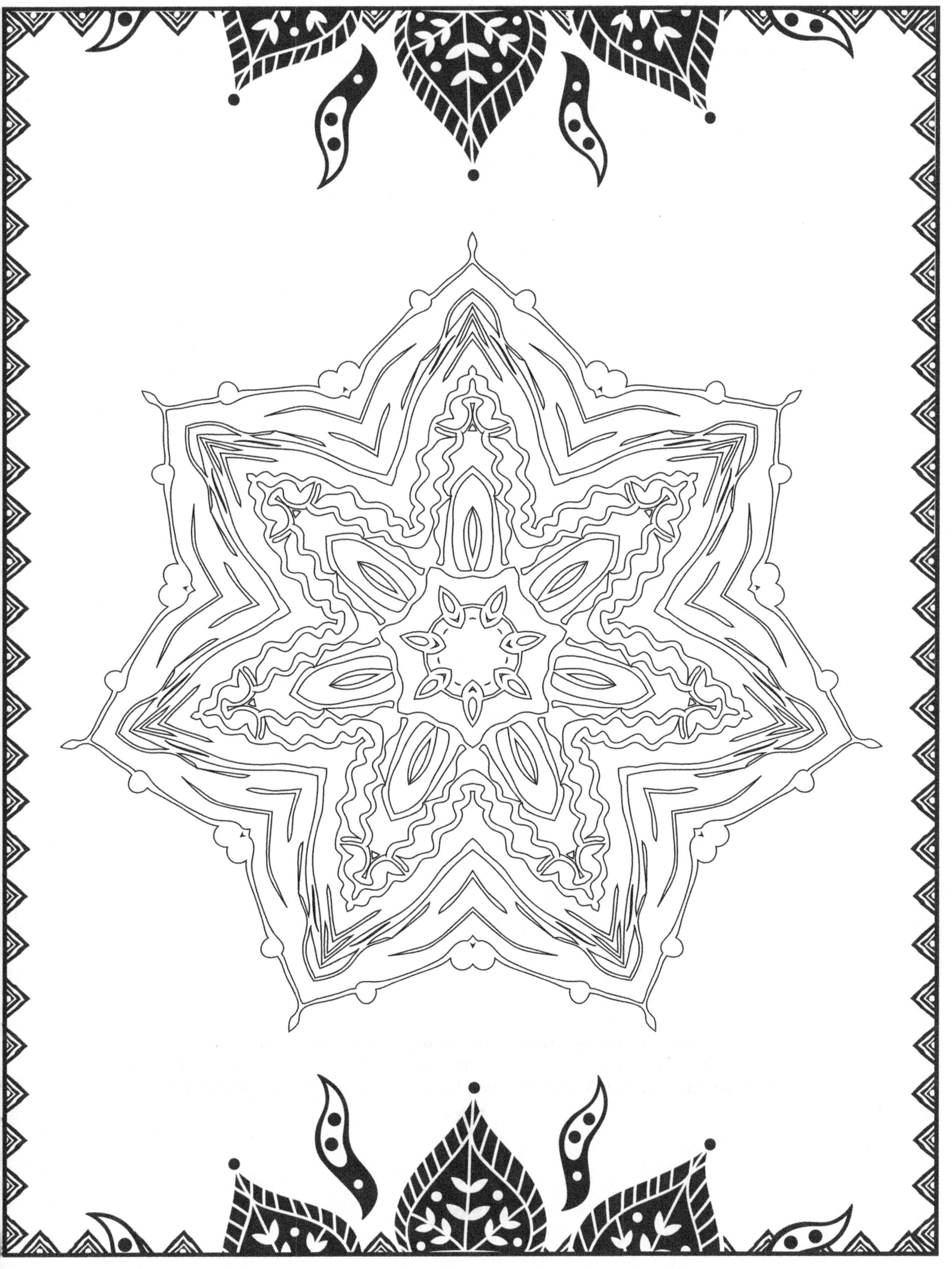

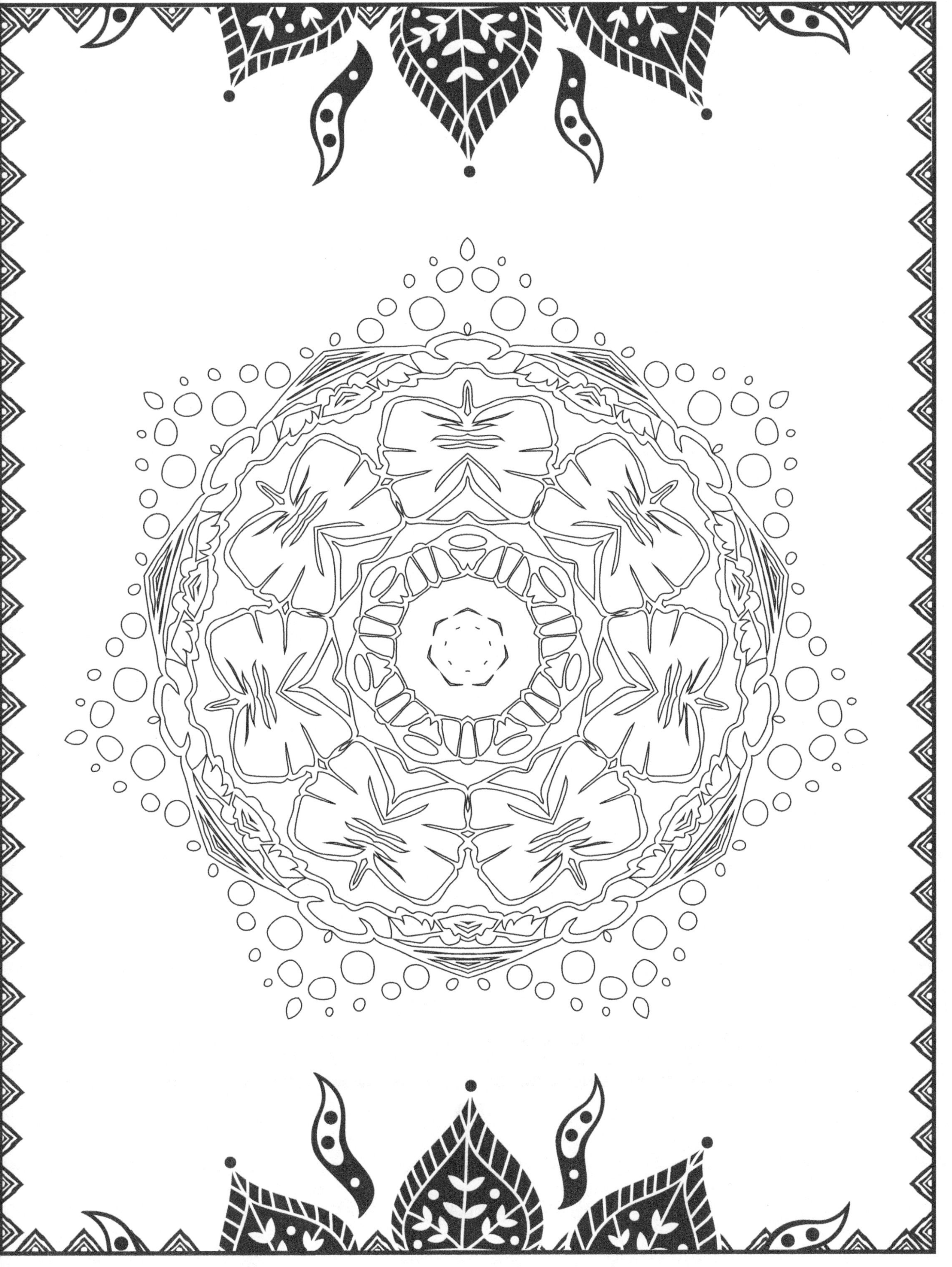

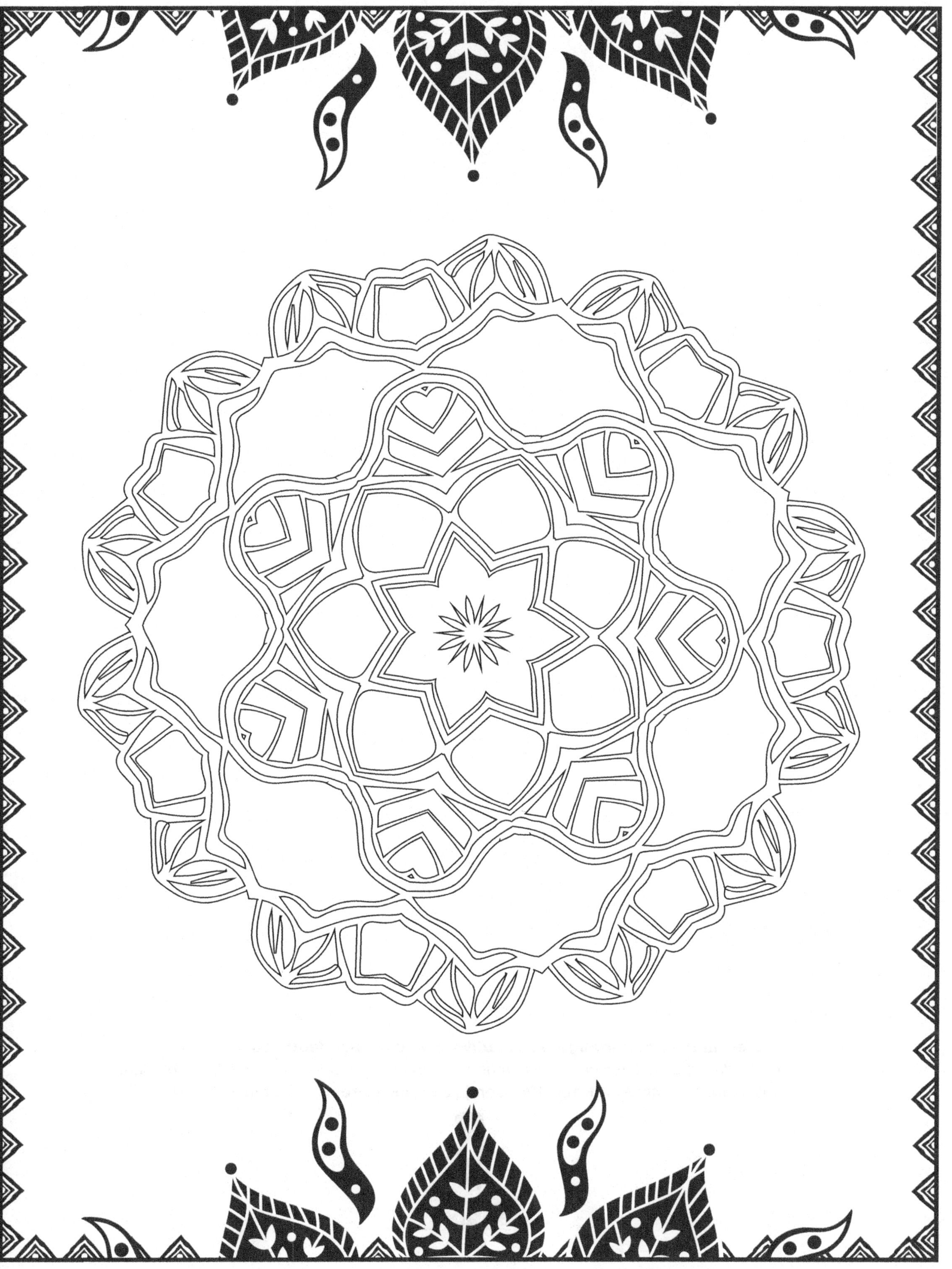

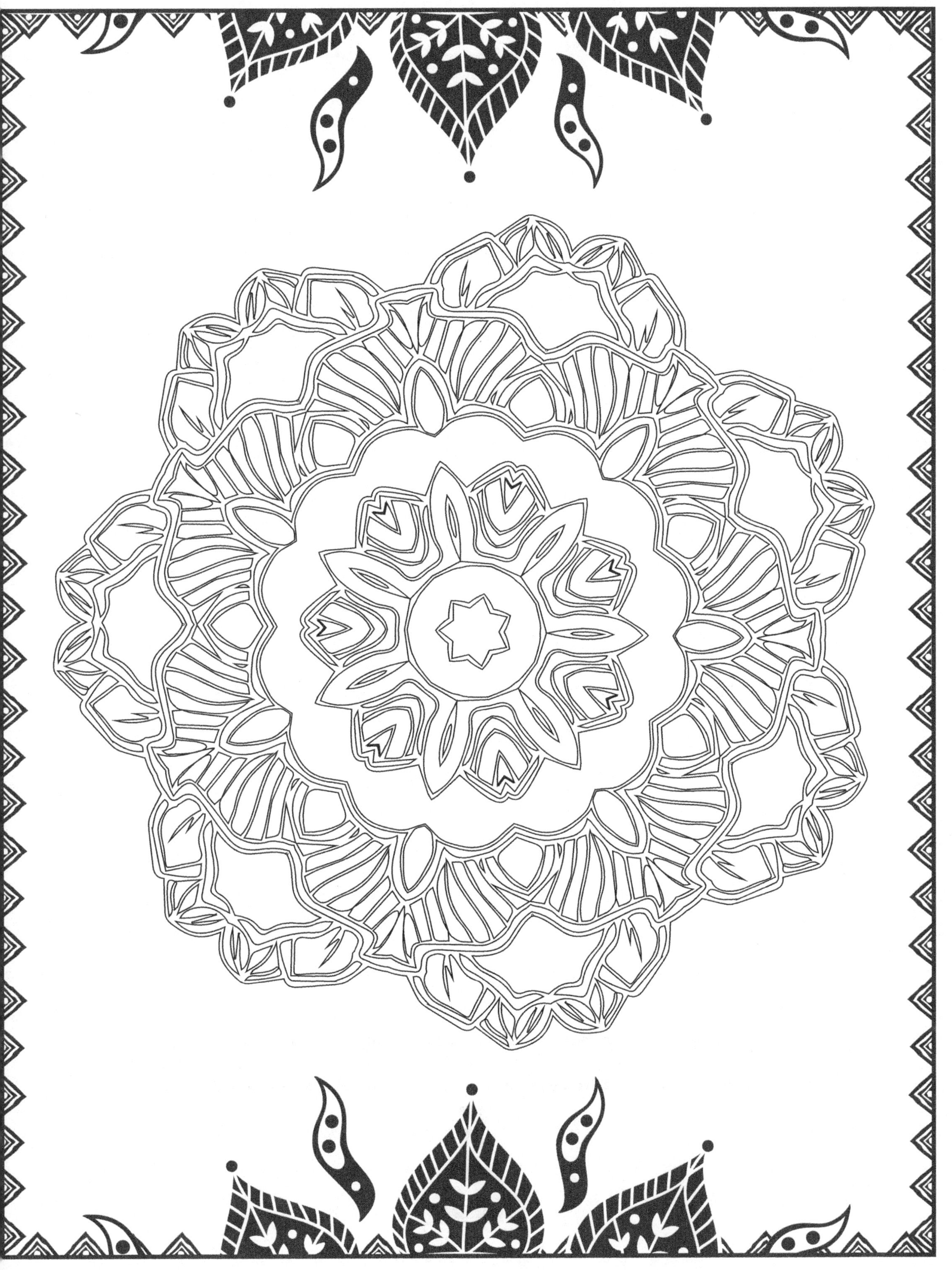

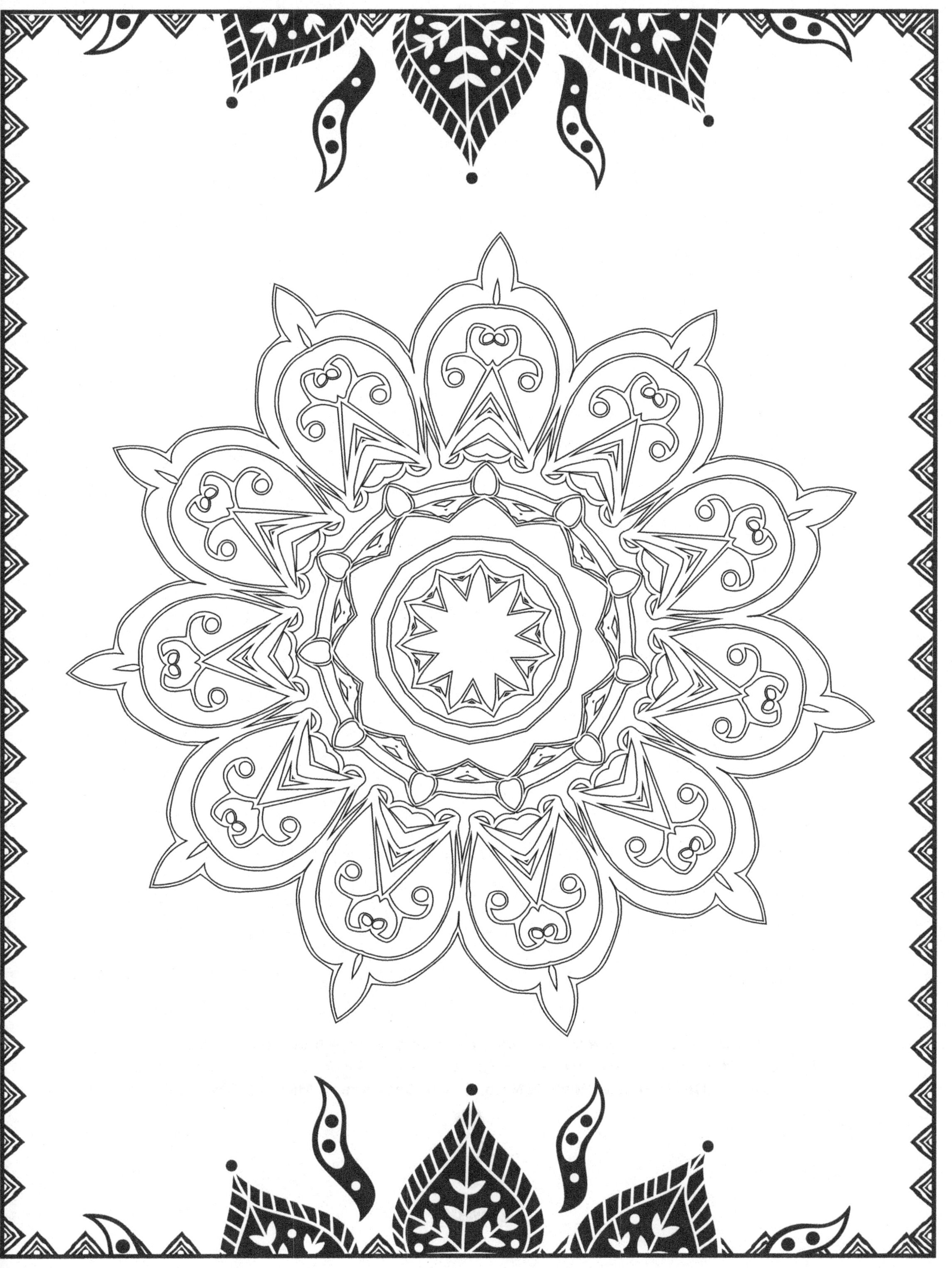

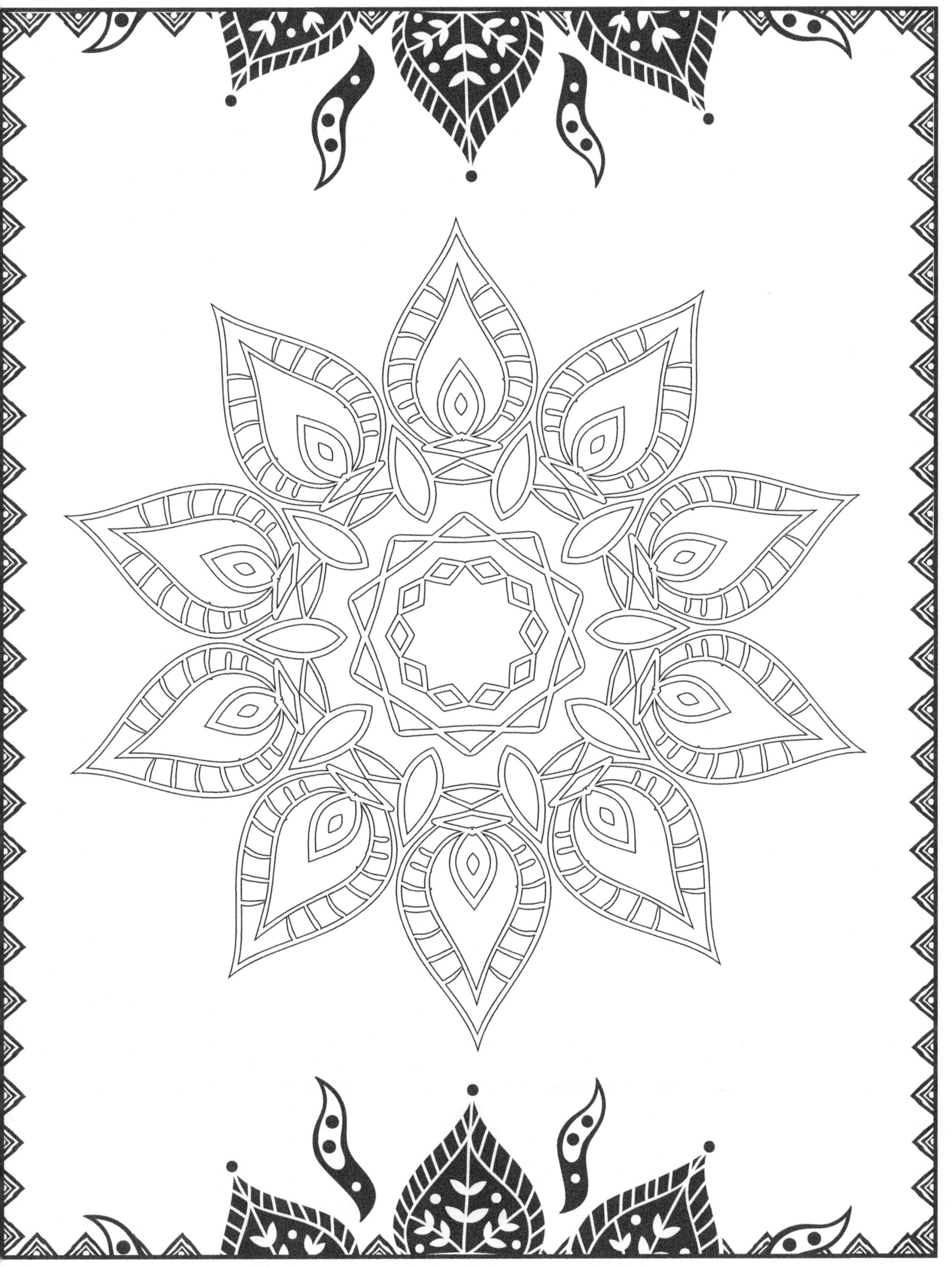

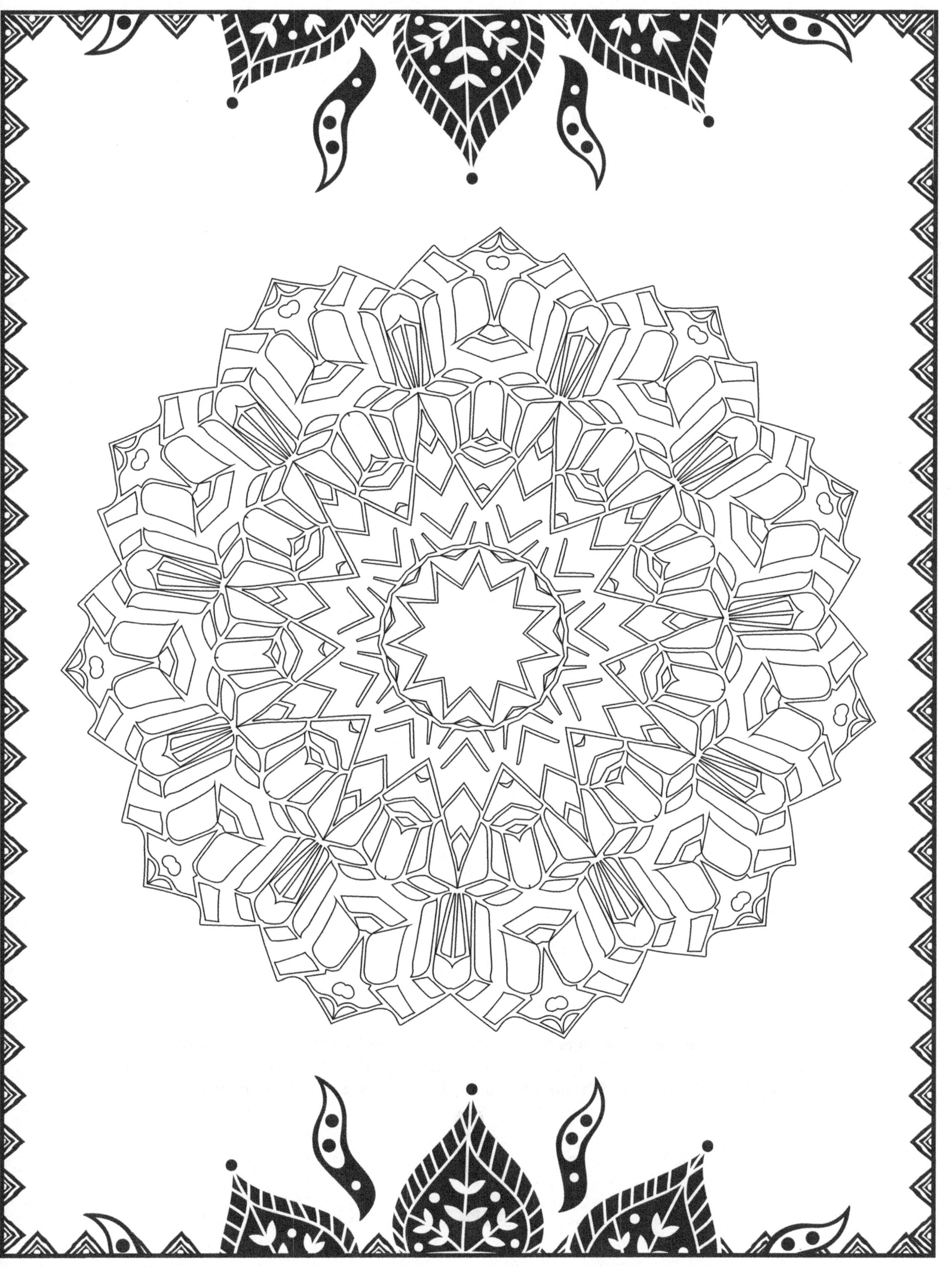

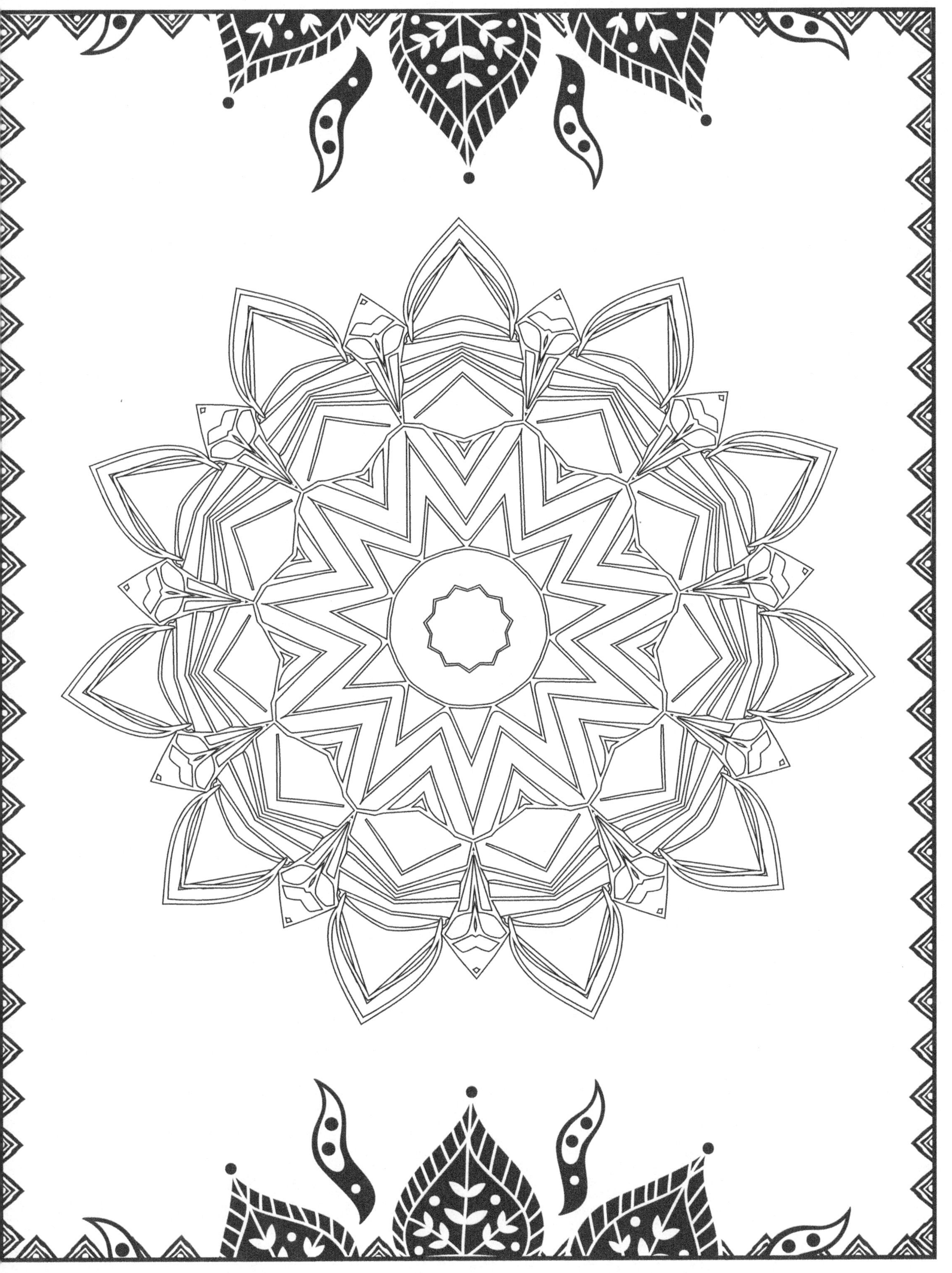

Made in the USA
Monee, IL
07 July 2026

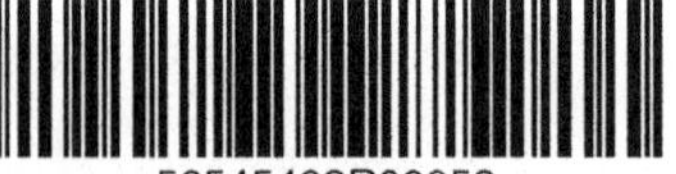

56545402R00059